Kohler, es reicht!

Nach der Grundausbildung in Zürich besuchte Ivar Kohler das Lehrerseminar in Rickenbach bei Schwyz, das er 1977 mit dem Primarlehrerdiplom abschloss. Anschliessend an zwei kurze Engagements in einer 3./4. Primarklasse und als Sportlehrer, trat er 1977 seine Lebensstelle an der Schule Risch, im Kanton Zug an.

Schon während der zweijährigen Tätigkeit an einer 5./6. Primarklasse begann er eine berufsbegleitende Weiterbildung, die 1981 mit dem Reallehrer-Diplom zum Abschluss kam.

Ab 1979 bis zu seiner Pensionierung im Sommer 2020 unterrichtete Ivar Kohler an der Oberstufe in Rotkreuz rund 1000 Schülerinnen und Schüler - davon knapp 300 jeweils für mehrere Jahre als Klassenlehrer.

IVAR KOHLER

Kohler, es reicht!

Bibliografische Information der Deutschen Nationalbibliothek:
Die Deutsche Nationalbibliothek verzeichnet diese Publikation in
der Deutschen Nationalbibliografie; detaillierte bibliografische
Daten sind im Internet über dnb.dnb.de abrufbar.

© 2020 Ivar Kohler
Satz, Herstellung und Verlag:
BoD – Books on Demand, Norderstedt
ISBN 978-3-7494-7739-5

Inhalt

Prolog

Zwei Jahre Unterricht an der Primarschule und dann weitere 40 Jahre auf der Oberstufe. Hunderte Kursabende für die Erwachsenenbildung. Und wenn man die eigene Schulzeit als Bildungs-Konsument noch dazu rechnet, kommen da nahezu 6 Jahrzehnte Präsenzzeit an Bildungsinstitutionen zusammen! Zu 100%.

Rund tausend Schüler sassen mir im Schulzimmer gegenüber, fast einen Drittel davon unterrichtete ich als Klassenlehrer, den Rest als Fachlehrer. Und das über fast das ganze Fächerspektrum einer Volksschule.

Bevor jetzt da jemand kommt und es mir nahelegt, ziehe ich lieber gleich selbst die Bremse und sage mir:

KOHLER, ES REICHT!

In einer so langen Zeit sammeln sich natürlich zwangsläufig eine Menge Erlebnisse an. Erlebnisse mit Schülern, Kollegen, Behörden und Eltern. Lustige und weniger lustige. Solche zum Haare raufen und andere zum Fremdschämen.

Schon sehr früh habe ich angefangen, diese Episoden schriftlich festzuhalten – vorerst ohne konkretes Ziel. Erst als ich im Laufe der Jahre immer mal wieder gebeten wurde, die eine oder andere Geschichte (nochmals) zu erzählen, erkannte ich in meinen losen Aufzeichnungen das Potenzial für eine Geschichtensammlung. Diese liegt nun hiermit vor.

Einige Begebenheiten bringen mich und die Beteiligten auch heute noch zum Lachen. Bei anderen bin ich heilfroh, dass sie ohne üble Konsequenzen ausgegangen sind. Etliche Pflichtverletzungen, welche ich mir in jungen Lehrerjahren bisweilen geleistet habe, hätten mich schon damals Kopf und Kragen kosten können. Von heute schon gar nicht zu denken! Wohl zu Recht.

Ich bin nicht stolz darauf, fast mein ganzes Erwerbsleben lang im selben Beruf und an derselben Arbeitsstelle in Rotkreuz gewirkt zu haben. Das ist kein Beleg für berufliche Agilität.

Nur gerade zweimal fasste ich halbwegs konkret einen Wechsel in eine andere Branche ins Auge. Einmal stand eine Anstellung im Tourismus-Gewerbe in Kanada zur Debatte, das zweite Mal – dreizehn Jahre vor meiner Pensionierung – bekam ich nach einem Sabatical-Praktikum vom damaligen Chefredaktor der grössten Schweizerzeitung das Angebot für eine Redaktoren-Stelle.

Beide Optionen erschienen mir nach intensivem Abwägen weniger attraktiv, als der Verbleib an meiner Lebensstelle.

Neben der Freude an der Unterrichts-Tätigkeit gibt es hierfür einen gewichtigen Grund: Ich hatte das Riesenglück während dieser langen Zeit in einem äusserst angenehmen Umfeld mit fast ausnahmslos phantastischen Kolleginnen und Kollegen zusammenarbeiten zu können. Ein Privileg, das man keinesfalls als selbstverständlich nehmen darf!

Auch die Schülerinnen und Schüler in meinen Klassen waren zu einem überwiegenden Anteil hochanständige, positiv eingestellte und fröhliche Jugendliche, mit welchen ich teilweise ein schon fast herzliches Verhältnis pflegen durfte, das nicht selten über den Schulabgang hinaus weiterbestand.

Insbesondere in der zweiten Hälfte meiner Karriere erlebte ich auch das Verhältnis mit den Vorgesetzen als sehr entspannt, kollegial und konstruktiv.

Und die »schwierigen Eltern«? Ja, die gab es auch. Aber sie entfalteten ihr Potenzial auf meiner Schulstufe nur höchst selten.

Alles in Butter also? Freie Bahn zum Weitermachen? – Naja.

Ich habe mich während meiner Freizeit immer schon mit einer breiten Palette von Sportarten und Hobbys vergnügt. Bergsteigen, Kanufahren, Fotografieren, Skitouren, Reisen, Schreiben, Biken, Werken, Kajakfahren, Kochen, Pistenskifahren, Flussschwimmen, Fotokurse und anderes. Nichts davon so richtig gut. Jedoch alles mit sehr viel Freude.

Die kam während meinem Erwerbsleben zwar nicht zu kurz. Ich kann mich nicht beklagen. Aber die Vorstellung, meine diversen Pläne und Projekte jetzt ohne Einschränkung durch einen Stundenplan umsetzen und voll auskosten zu können, ist halt schon verlockend!

Wenn da plötzlich die vielen Sitzungen, Absprachen und Konferenzen nicht mehr anstehen! Oder wenn die allgegenwärtigen Formulare und administrativen Verpflichtungen wegfallen. Oder die aufgezwungenen Weiterbildungsanlässe mit Themenschwerpunkten jenseits meines persönlichen Bedarfs! Und alles andere, was da auch noch gegen meinen Hang zu Effizienz gelaufen ist.

Die vorliegende Episodensammlung beschliesst also ein wichtiges Kapitel in meinem Leben. Ich hoffe, damit der Leserschaft das eine oder andere Schmunzeln entlocken zu können.

Die Geschichten haben sich alle tatsächlich wie
beschrieben zugetragen.

Die Namen der Personen sind geändert.

Während der Ausbildung

Internat

Meine Schulzeit in Zürich habe ich aus der Optik eines ziemlich mittelmässigen Schülers in Erinnerung. Lernstoff büffeln war nicht so mein Ding. Deshalb zeichnete sich am Ende der obligatorischen Schulzeit klar ab: Mit meinem bisherigen Lernverhalten dürfte es schwierig werden, Lehrer zu werden. Wenn ich mein Berufsziel noch in diesem Leben erreichen wollte, musste ich daran etwas ändern.

Eine Internatsschule zum Beispiel, bot da eine Möglichkeit. Da würde ich näher am Lernstoff leben.

Ich bestand die Aufnahmeprüfung im Lehrerseminar Zug, wurde aber aus Kapazitätsgründen nach Rickenbach bei Schwyz transferiert. Das war okay für mich.

Ich hatte zu dieser Zeit schon viel gelesen über die Goldenen Studentenjahre. Voller Zuversicht, dass das schon lustig würde, zog ich ins Lehrerseminar Rickenbach.

Unsere Klasse, 26 ausschliesslich männliche Studenten, mehrheitlich aus der Innerschweiz, wohnte in Dreier- und Viererzimmern. Alle, ausser jenen sechs Externen aus der Region, welche abends jeweils nach Hause gingen.

Obwohl ich von meinen Eltern zu Hause relativ streng und religiös erzogen worden war, erwiesen sich die strikten Internats-Regeln und -Strukturen für mich als sehr gewöhnungsbedürftig.

Im ersten Internatsjahr wurden wir jeden Morgen um 6:10 Uhr geweckt. Nach der Morgentoilette im Waschsaal, muss-

ten wir um 06:30 im Studiumsraum antraben, zum individuellen Lernen und Arbeiten. Ein Student der höchsten Klasse
wachte dabei darüber, dass hier strikte Ruhe herrschte.

Am Samstag dauerte der Unterricht bis Mittag. Den
Nachmittag durften wir jeweils bis zum Nachtessen frei
verbringen.

Am Sonntagmorgen war das Erscheinen beim Frühstück
freiwillig, weshalb die meisten darauf verzichteten und
dafür ausschliefen. Nach dem Mittagessen – welches am
Sonntag meist etwas besser war, als jenes unter der Woche – sangen wir jeweils ein gemeinsames Lied. Dann liess
sich der Präfekt, der mit uns ass, nach einigem wohlwollen-
den Räuspern und bedeutungsvollem Durchatmen zur Be-
kanntgabe bewegen, dass wir nun bis 17:00 Uhr Ausgang
bekämen. Dies wurde jedes Mal mit lautem Jubel begrüsst,
obwohl sich da für den »Ausgang« an einem Sonntagnach-
mittag in Schwyz nicht allzu prickelnde Optionen anboten.

In der Stadt Zürich geboren und aufgewachsen, hatte ich
mich bisher kaum um Kantonszugehörigkeiten geschert,
obwohl – oder vielleicht gerade weil – meine Familie aus
sehr unterschiedlichen Landesteilen stammte. Ich war stets
davon ausgegangen, dass ich – wie alle hier lebenden
Bürger – ein Schweizer war.

Das sahen einige Urschweizer-Köpfe im damals noch
sehr konservativen Schwyz total anders. Ich wurde belehrt,
dass dieser Status höchstens zweitrangig anzurechnen sei.
In erster Linie sei ich mal ein Zürcher. Und Zürcher waren
per se anders als Schwyzer. Und dies überhaupt nicht im
positiven Sinne!

In den Restaurants lagen Bierdeckel auf mit dem Slogan:
»Schwyz – weil wir die Schweiz erfunden haben!« Oder:
»Zum Glück bin ich kein Zürcher!«.

Vielleicht bestärkten wir drei aus der Stadt Zürich stammenden Studenten in unserer Klasse dieses Vorurteil, weil wir mit schulterlangen Haaren herumliefen, was in Schwyz noch als rebellisch angesehen wurde. Wie auch immer: Trotz dieser etwas ungünstigen Vorzeichen fühlte ich mich schnell wohl in der Klasse, es war ein bunter Haufen, bestand aber aus durchwegs guten Typen.

Ruhe-Kontrolle

Wir Studenten wohnen in Dreier- und Viererzimmern. Ab 22:00 Uhr herrscht ein striktes Gebot für Nachtruhe. Der Internatsleiter kontrolliert dies in unregelmässigen Abständen.

Um ihn zu überlisten, baue ich mit meinen Zimmerkameraden eine »Sicherung« ein: Wir führen den Strom für die Lampen und den Kassettenrekorder über ein Kabel, das an der Zimmertür befestigt ist. Die Öffnung überbrücken wir im Türrahmen mit zwei Kontaktplatten.

Sobald man nun die Zimmertür öffnet, gehen diese Platten auseinander, die Stromleitung wird unterbrochen, das Licht löscht augenblicklich aus, die Musik stellt ab.

Während der Internatsleiter ins dunkle, stille Zimmer tritt und verwirrt murmelt:

»Ich habe doch von draussen Musik gehört!?«, können wir den Hauptschalter ausschalten und uns tief schlafend stellen.

Mehr als einmal rettet uns dieser Trick vor einem Verweis. Einmal wird sogar die Belegschaft des Nachbarzimmers bestraft, weil unsere Musik eine Etagen-Kontrolle provoziert hat, wir aber nicht in flagranti erwischt werden und somit für unschuldig gelten.

Eine krassere Methode wählen die Jungs aus einem anderen Zimmer: Sie erhitzen mit einem Bunsenbrenner die Türklinke. Dann machen sie gerade so viel Lärm, dass der Internatsleiter aufmerksam wird und – wie immer ohne anzuklopfen – eintreten und für Ordnung sorgen will.

Er kommt nicht dazu. Mit einem Schrei zieht er blitzartig die Hand von der heissen Klinke zurück, bevor er überhaupt die Türe öffnen kann!

Einer meiner Zimmerbuddies hat die Angewohnheit, jeweils mit einem grossen Hechtsprung von der Türe her auf sein Bett zu springen. Eines Abends entferne ich in böser Absicht ein paar Latten aus dem Rost unter seiner Matratze und verstecke sie im Schrank.

Als der Junge etwas später in gewohnter Manier schwungvoll ins Zimmer tritt und mit einem freudigen »Yeah!« auf sein Bett segelt, vermögen die verbleibenden Latten der Belastung nicht mehr standzuhalten. Unter splitterndem Krachen geben sie nach, brechen allesamt durch.

Welch ein Bild! Welch ein Spass!

Leider lässt sich der Schaden nicht vor der Internatsleitung verheimlichen. Ich muss beim Präfekt antraben. Vor dem habe ich einen Heidenrespekt. Ein grosser, ernster Mann, Pädagoge der alten Schule. Weil sich bis dahin schon etliche Ermahnungen und Verweise auf meinem Konto angesammelt haben, weiss ich schon zum Voraus, dass mich da nichts Erfreuliches erwarten würde.

Er heisst mich ihm gegenüber Platz zu nehmen und lässt mich dann einfach mal zwei oder drei Minuten wortlos schmoren. Durchbohrt mich mit seinem Blick. Dann räuspert er sich und verkündet mit tiefer, unheilvoller Stimme:

»KOHLER, ES REICHT! Noch ein einziger Verstoss und du fliegst raus!«

Nächtliche Überfälle

Während dem ersten Studienjahr machen wir auf unserer Etage einen Spass daraus, gruppenweise hinter der Zimmertür zu lauern, bis jemand draussen auf dem Flur vorbeigeht. Für einen Toilettengang zum Beispiel. Auf Kommando stürzen wir dann hinaus, packen das Opfer, schleppen es in unser Zimmer, reissen ihm den Schlafanzug vom Leib und stossen den Überfallenen splitternackt wieder auf den Gang hinaus.

Dann verknoten wir den Schlafanzug so fest wie möglich und werfen ihn nach ein paar Minuten hinterher ...

Zeitumstellung

Die Internats-Regeln sehen vor, dass die Studenten nach dem Wochenende jeweils bis spätestens Sonntagabend um 22:00 Uhr wieder eingerückt sein müssen. Einer unserer Klassenkameraden ist ambitionierter Langläufer. Er verbringt die Wochenenden oft in einem Trainingscamp. Von dort kommt er immer etwas früher zurück ins Internat und verzieht sich jeweils sofort todmüde ins Bett.

Einmal warten wir ab, bis er sich hingelegt hat und wie üblich gleich eingeschlafen ist. Dann verstellen wir die Uhren auf unserer Etage, auch seine Armbanduhr. Wir ziehen die Schlafanzüge an und gehen in den Waschraum, um die Zähne zu putzen und Morgentoilette zu simulieren.

Einer weckt den Schläfer:

»Hey, mach schon! Aufstehen! Es ist Viertel nach sechs! Studiumsbeginn in fünfzehn Minuten!«

Total verschlafen schält sich der Junge aus den Decken und murmelt etwas wie:

»Ich hätte noch locker eine Stunde länger schlafen können!«

Mit winzigen Augen macht er seine Morgentoilette, zieht sich an – keine Dreiviertel-Stunde nachdem er sich ausgezogen hat – und wundert sich, dass er schliesslich als erster und einziger der Klasse im Studiumsraum zum Lernen bereit sitzt.

Erst als einige von uns das Lachen nicht mehr verkneifen können, dämmert ihm, dass da wohl etwas nicht mit den rechten Dingen zugegangen ist ...

Nettigkeiten unter Studienkollegen

Obwohl wir in unserer Klasse sehr gut miteinander aus-
kommen, muss immer mal wieder jemand was einste-
cken. Als einer mal in der Badewanne sitzt, löschen die
Kameraden das Licht und giessen blitzschnell schwarze
Tusche ins Badewasser. Der Junge staunt nicht schlecht,
als er – rabenschwarz am ganzen Körper – aus der
Wanne steigt und ins Licht tritt.

Im vierten Studienjahr wohnen wir in einem dem Seminar benachbarten Studentenhaus in Einer- und Zweier-
zimmern. Regeln und Kontrollen sind inzwischen deutlich lascher geworden. Wir leben weitgehend selbst-
verantwortlich. Die Arbeiten, die im Haus zu erledigen
sind, teilen uns wir turnusmässig auf. Zum Beispiel das
Bereitstellen der Kohle für die Heizung.

Einer unserer Kameraden verpasst es regelmässig,
seinen ihm zugeteilten Job zu erledigen. Um ihm einen
kleinen Denkzettel zu verpassen, warten wir auf einen
Abend, den er mit anderen Studenten im Ausgang verbringt.

Gemeinsam schaffen wir Zurückgebliebenen es, sein
Bett mit dem darauf festgebundenen Bettzeug über
den Balkon nach draussen zu wuchten und dort mit ein
paar Stricken senkrecht an die Wand zu hängen. Diese
skurrile Dekoration der Aussenmauer ist nicht nur eine
Augenweide, sie bereitet uns auch jede Menge kollek-
tiver Vorfreude!

Tatsächlich werden wir für unsere Mühen reichlich
entschädigt: Als der unzuverlässige Kumpel todmüde
nach Hause kommt und sich schlafen legen will, haut es

ihn fast um, als er sein Bett an der Wand hängen sieht!
Statt schlafen gehen zu können, muss er erst mal ein
paar barmherzige Helfer rekrutieren, die ihm helfen, das
Bett von der Wand holen und zurück auf sein Zimmer
zu transportieren.

Diashow auf der Kapellenwand

Gleich neben dem Studentenwohnhaus steht eine Kapelle, direkt an der Strasse. Eines Abends haben wir die
gloriose Idee aus einem der Zimmer im zweiten Stock
ein paar Dias auf die gegenüberliegende weisse Aussen-
wand der Kapelle zu projizieren.

Das funktioniert ganz gut. Die riesige Projektions-
fläche und der Projektionsabstand passen wunderbar
zueinander. Aus allen Fenstern unseres dreistöckigen
Gebäudes kommentieren Klassenkameraden die unge-
wöhnliche Darbietung.

Dann aber gewinnt Übermut die Oberhand. Als ich
mit Landschaftsbildern beim Publikum keine Begeiste-
rungsstürme mehr auszulösen vermag, lege ich nach:
In meinem Archiv lagert eine Handvoll Juxbilder. Die
lade ich in den Projektionsschlitten. Als fulminantes
Schlussbouquet für die Show sehe ich ein paar Aufnahmen vor, die mal bei spielerischen Rangeleien von
Klassenkameraden entstanden sind. Das Problem dabei:
Auf einigen dieser Bilder sind die Kämpfer halb, oder
sogar ganz nackt.

Kein Zweifel: Diese Bilder hauen hin! Sobald sie auf
der Kapellenwand aufleuchten, erklingt mehrstim-

miges, fröhliches Gejohle aus allen Fenstern unserer Bude.

Publikums-Geschmack voll getroffen!

Doch die Projektion ist nicht nur aus unseren Fenstern mit zu verfolgen. Ungewollt erreiche damit ich ein viel breiteres Publikum: Nachdem schon vorher diverse Autos beim Vorbeifahren da unten abgebremst haben, halten jetzt einige sogar an. Irritiert starren die Insassen auf die Kapellenwand mit den überdimensionalen Bildern.

Jetzt wird mir die Sache zu heiss. Ich beende die Show.

In den folgenden Tagen habe ich eine Heidenangst, dass die Schulleitung von der Aktion erfährt und mich als Urheber identifizieren kann. Befeuert werden diese Sorgen durch die Tatsache, dass mir immer wieder auch mehr oder weniger fremde Studenten auf den Gängen zwischen den Unterrichtsräumen verschwörerisch zuzwinkern und dabei Sachen zuraunen wie: »Kapelle! Diashow! Hehehe!« oder so was.

Viel später erfahre ich, dass die Geschichte sowohl bei der Schulleitung, wie auch bei der Dorfbevölkerung die Runde gemacht hat. Mein Name ist in diesen Kreisen aber glücklicherweise nie damit in Verbindung gebracht worden.

Kleine Betrügereien – Erfahrungsschatz für die Berufspraxis

Der Französisch-Lehrer hat ein »modernes« System zugelegt, welches ihm erlaubt, die Vocabulaire-Prüfungen der ganzen Klasse mit einem Schlag in Sekunden zu korrigieren. Er muss dazu nur alle Prüfungsblätter in eine Box legen, den Deckel zuklappen und schon sind alle richtigen Resultate mittels Durchstich markiert.

Es dauert allerdings nicht lange, bis findige Köpfe in der Klasse herausgefunden haben, wie das System funktioniert und wie man es austricksen kann, sobald mal der Code entschlüsselt ist. Das Resultat: Von nun an schreiben alle ausschliesslich Maximal-Noten!

Das fällt natürlich dem Lehrer auf, als er realisiert, dass bei einigen notorischen Nichtlernern die phänomenalen Kenntnisse nur genau während der Prüfung abrufbar sind und er im direkten Gespräch aber auf praktisch null Wortschatz trifft! Er schafft das System bald wieder ab.

Hätten doch die Schwächeren unter uns die Gnade gehabt, wenigstens den einen oder anderen Fehler absichtlich einschleichen zu lassen, dann hätten wir vielleicht etwas länger profitieren können. Aber die Versuchung ist halt zu gross gewesen ...

Spicken ist auch an der Ausbildungsstätte künftiger Lehrpersonen weit verbreitet. Die meisten von uns schaffen sich eigens dafür sogar einen Tusche-Stift an mit einer extradünnen 0,1 mm-Spitze. Damit lässt sich extrem klein schreiben. So passen auf einen am Kugelschreiber festgeklebten, oder im Etui versteckten Zettel enorm viele Informationen.

Einer unserer Klassenkameraden aus der vordersten Reihe hat mal seinen Mathe-Spick wie üblich auf den Massstab geklebt. Sein Pech, dass nun der Mathelehrer vor der Prüfung noch schnell was an der Wandtafel erklären will und sich dafür genau diesen Massstab greift.

Ohne zu realisieren, dass er ein Corpus Delicti in seiner Hand hält, fuchtelt der Lehrer damit auf seinen Wandtafel-Darstellungen herum.

Dem bemitleidenswerten Kameraden, der ahnt, dass die Entdeckung seiner Untat nur noch eine Frage der Zeit ist, wird immer heisser. Wir anderen, die natürlich genau Bescheid wissen über den Spick auf dem Massstab, folgen fasziniert dem Schauspiel, ohne etwas davon mitzubekommen, was uns der Lehrer eigentlich sagen will. Wir können uns schliesslich kaum mehr halten vor Lachen.

Das fällt auch dem Lehrer auf. Er bemerkt den Spick vor seiner Nase. Und so muss der Spickschreiber seine Prüfung ohne die wertvolle Vorbereitung absolvieren und bekommt erst noch einen massiven Notenabzug, obwohl er nicht einmal dazu gekommen ist, von seiner Arbeit zu profitieren.

Chemie ist mein absolutes Horror-Fach. Ich kapiere diese Formeln und Zusammenhänge einfach nicht.

Für den Abschluss gebe ich trotzdem alles, hänge mich echt rein, um das Unmögliche möglich zu machen. Ich studiere sogar die Unterlagen, versuche, irgendwie daraus klug zu werden.

Für die Prüfung verstecke ich einen Spick im Etui und zusätzlich das geöffnete Theorie-Buch auf dem Stuhl

unter meinen Oberschenkeln. Die beiden kompeten-
testen Chemie-Cracks der Klasse setzen sich links und
rechts neben mich, damit ich von ihnen abschreiben
kann. – Ich lasse nichts aus.

Aber das Resultat rechtfertigt den Aufwand und das
Risiko in keiner Weise: Ich schaffe es nicht, aus all den
breit abgestützten Ressourcen die richtigen Informationen herauszukristallisieren und in einen Zusammenhang zu bringen, der für die Testfragen auf meinem
Blatt relevant gewesen wäre. Es reicht nicht mal für
eine 2.

Auf zu grossem Fusse

Als Student litt ich – typisch für diese Berufsgruppe – un-
ter chronischem Geldmangel. Die Einnahmen von diversen
Ferien-Jobs vermochten nie auch nur annähernd mit den
Ausgaben Schritt zu halten, welche meine Wunschliste er-
fordert hätten. Im Kreise meiner Mitstudenten bewegten
wir uns damit wohl alle mehr oder weniger auf demselben
Niveau. So richtig problematisch wurde es erst, als ich ein
Mädchen kennenlernte, welches bereits über ein regelmäs-
siges Einkommen verfügte.

Bei einem Seminar-Fest treffe ich Chantal. Sie ist
hübsch, drei Jahre älter als ich und kann sich als KV-An-
gestellte ein eigenes Zimmer leisten. Leider ist dieses
in Zürich und somit zu weit weg vom Seminar, als dass
ich einfach mal unter der Woche hätte mit ihr ausgehen
können.

Mein Plan sieht so aus: Gleich nach dem Unterricht würde ich per Anhalter nach Zürich fahren. Die beiden Zimmergenossen müssten meine Abwesenheit im Falle einer unverhofften Kontrolle im Internat mit einer Ausrede decken. Ich sei noch für eine Stunde zu einem Externen gegangen um mir die Mathe erklären zu lassen. Oder so was.

Für die Rückfahrt von Zürich nach Schwyz werde ich aber die Bahn nehmen, weil die Chance, unter der Woche zur Nachtzeit als Autostopper mitgenommen zu werden, wohl als sehr gering einzustufen ist.

Gleich nach dem Unterricht ziehe ich los zu meiner üblichen Anhalter-Stelle an der Hauptstrasse in Schwyz. Bald schon nimmt mich ein Autofahrer mit. Problemlos gelange ich nach Zürich.

Dort treffe ich Chantal. Gemeinsam geniessen wir einen schönen Abend.

Dann meldet sich der Hunger.

»Gehen wir eine Pizza essen!«, sind wir uns schnell einig.

Über die Lokalität haben wir jedoch unterschiedliche Vorstellungen.

»Da gibt es neuerdings eine tolle Pizzeria«, schlägt Chantal vor.

Ich schlucke.

Eigentlich habe ich mir eine Pizzaschnitte von einem Strassenstand vorgestellt. Zusammen mit einer Cola für wenige Franken zu haben.

Von dem bisschen Geld, das ich bei mir habe, ist der grösste Teil für das Bahnticket vorgesehen, mit welchem ich mir eine zeitgerechte Rückkehr ins Internat ermöglichen will.

Naja, in solchen Situationen tritt vernunft-orientiertes Denken und Handeln wohl bei jedem 18-Jährigen in den Hintergrund.

Wir gehen in die tolle Pizzeria.

Es sieht ziemlich nobel aus da drin.

Der uniformierte Kellner führt uns an einen weissgedeckten Tisch. Dort liegt das klassische Gedeck auf: Kunstvoll gefaltete Stoff-Servietten, mehrere Gläser und Besteck-Sets symmetrisch nebeneinander ausgerichtet. Mir schwant Übles.

Man bringt die Karte.

Die Preise entsprechen den schlimmsten Vorahnungen.

»Eine Vorspeise?« fragt die Bedienung geflissentlich.

»Äh, nein danke!«, beeile ich mich zu sagen. »So gross ist mein Hunger nun auch wieder nicht.«

Auch Chantal hält sich zum Glück zurück.

Die Pizza der Wahl ist schnell gefunden: Sie steht zuoberst auf der Liste, es ist die Einfachste und Billigste. Salat fällt aus.

Auf Wein habe ich heute »keine Lust«. Ein Mineralwasser muss reichen.

Trotz aller Sparmassnahmen übertrifft der Rechnungsbetrag dann aber meinen für die Verpflegung budgetierten Etat bei Weitem.

Chantal will die Rechnung übernehmen. Sie zückt die Handtasche und wird bleich:

»Ich habe das Portemonnaie zuhause vergessen!«

Ich kratze meine beiden Noten und die paar Münzen zusammen. Es reicht knapp nicht.

Wir winken den Kellner heran und schlagen vor, dass ich hier als Geisel warten würde, während Chantal mit dem Tram nach Hause ginge um den Restbetrag zu holen.

Der Kellner blickt mich – sowohl im wahren, wie auch im übertragenen Sinn – von oben herab an und sagt dann mit verächtlichem Unterton:

»Schon gut. Lassen wir's mal dabei.«

So peinlich!

Damit aber nicht genug: Um mir am nächsten Morgen die rechtzeitige Rückkehr nach Schwyz zu ermöglichen, muss mir Chantal nun noch das Bahnticket bezahlen.

Im Internat ist meine Abwesenheit niemandem aufgefallen. Rechtzeitig erscheine ich zum Unterricht, dem ich an diesem Morgen ziemlich unkonzentriert folge.

Ein paar Wochen später versandet die Beziehung mit Chantal.

Angehende Pädagogen als Devisenschmuggler

Die Diplomreise der 5. Klasse aus dem Lehrerseminar Rickenbach führt in das damals noch geteilte Berlin. Eine Woche lang werden im Klassenverbund kulturelle, architektonische und historische Highlights der Zweizonen-Stadt besucht. Neben den gemeinsamen Aktivitäten steht es den Studenten frei, gruppenweise auf eigene Faust loszuziehen.

Schnell spricht sich in der Klasse herum, dass die Preise für Konsumgüter im Osten, jenseits der Mauer, sehr tief sind. Extrem günstig wird es gar, wenn man die Ostmark im Westen zum Kurs von 1:3 erwirbt. Das ist legal, auf jeder Westberliner Bank. Allerdings muss das Geld danach durch die strikte Grenzkontrolle in die DDR gebracht werden. Und das ist natürlich illegal. Denn dort wird nur zum offiziellen Kurs von 1:1 gewechselt.

Meinen drei Kumpels und mir ist klar, dass wir viel schlauer sind, als die doofen Grenzbeamten beim Checkpoint. Dass die unsere raffinierten Verstecke für die Ostwährung niemals entdecken würden. Meine Ost-Noten habe ich hinter dem Spiegel der Spiegelreflex-Kamera versteckt. Viel zu clever für einen gewöhnlichen, subalternen Grenzer.

Trotzdem, leichtes Herzklopfen habe ich schon, als wir am Checkpoint das umständliche Zonenübertritts-Prozedere durchlaufen. Unzählige Fragen. Darunter auch jene, ob wir Ostwährung dabei hätten. Dazu diverse Formulare und jede Menge Stempel. Aber keine echte Leibesvisitation.

Nach rund 45 Minuten stehen wir alle vier unbehelligt und erleichtert jenseits der Kontrollzone auf DDR-Boden. Die Welt gehört uns. Wenigstens, das Bisschen, das Ostberlin zu bieten hat.

Tatsächlich: die Sachen in den Läden sind – auf unseren Wechselkurs gerechnet – unglaublich billig hier. Ob Bücher, Kleider oder Lebensmittel – geradezu lächerlich, wie wenig das kostet! Allerdings finden wir ausser letzterem auch nichts, was wir jetzt gerne erworben hätten.

Vor der Rückkehr in den Westen – die muss gemäss Vorschrift vor Mitternacht erfolgen – gönnen uns in einem Restaurant das Beste, was man dort zu bieten hat: Eisbein, Pommes und jede Menge Bier. Kostet fast nichts.

Deshalb bestellen wir noch ein paar Verdauungsschnäpse hinterher. Nie zuvor hat jemand von uns ir-

gendwo mal eine derart billige Runde aufwerfen können.

Weil uns danach immer noch viele Ostmark übrig
bleiben, lassen wir vor jedem von uns eine Reihe un-
bekannter Feuerwasser auftischen, farblich schön as-
sortiert.

Dann ist es Zeit für die Rückkehr zum Checkpoint. In
heiterster Stimmung beglückwünschen wir uns gegenseitig zu unserer Cleverness. Das war ein gelungener
Abend! So viel konsumiert für so wenig Geld! Selber
schuld, wer seine Währung vorschriftsgemäss hier im
Osten wechselt.

Lachend und Faxen schneidend betreten wir den
Checkpoint. Noch schnell durch die Kontrolle, dann
würden wir auf dem Ku'damm im Westen weiterfeiern.

»Wie viele Ostmark haben Sie dabei?« unterbricht der
Grenzbeamte die ausgelassene Stimmung.

Hoppla! Was interessiert den denn unser Geld bei der
Rückkehr in den Westen?

Nicht im Traum hätten wir daran gedacht, das aus
DDR-Sicht illegal erworbene und erfolgreich in den Osten geschmuggelte Restgeld jetzt für die Rückkehr wieder zu verstecken. All die schönen Banknoten, welche
ich heute nicht ausgegeben habe – und das sind noch
überraschend viele – befinden sich dort, wo Geld nor-
malerweise transportiert wird: in meinem Portemonnaie. Relativ einfach zu finden, falls ich gefilzt werde.

»Etwa hundertfünfzig«, sage ich deshalb wahrheitsgemäss und bemüht, möglichst seriös zu wirken.

»Zeigen Sie die Wechselquittung der Bank!« fordert
der Mann.

Schlagartig weicht die lustige Stimmung einer ange-
spannten Atmosphäre. Auch die Kumpels, welche direkt

hinter mir in der Reihe stehen, sind auf einmal still. Trotz meinem angeheiterten Zustand ist mir klar, dass ich jetzt keine Fehler machen sollte.

»Die habe ich nicht mehr. Muss ich irgendwo weggeworfen haben.«

»Dann besorgen Sie sie wieder!«

»Ich habe doch keine Ahnung mehr, wo das war!«, versuche ich mich zu retten.

Doch der Typ bleibt hartnäckig: »Auf welcher Bank haben Sie denn gewechselt?«

»Irgend so ein Geldinstitut, hier in Ostberlin natürlich«, lüge ich drauflos.

»Wie sah es dort aus? Trugen die Angestellten Uniformen? Wie viele Schalter gab es da? Mussten Sie Treppen hinaufsteigen?«

Überrumpelt! Ich bin geliefert.

Sofort werde ich von zwei bewaffneten Soldaten weggeführt. Aus den Augenwinkeln erkenne ich, dass dasselbe auch mit den drei Kumpels geschieht.

So ein blöder Fehler! Wie gerissen haben wir uns doch bei der Einreise noch gefühlt! Und wie unglaublich dumm haben wir uns jetzt bei der Ausreise angestellt!

Man bringt uns in einen grossen Raum. Jeden in eine andere Ecke, ausserhalb Hördistanz zu einander. Und jeder jeweils beidseitig flankiert von zwei schweigenden Typen mit vorgehängten Gewehren.

Nach einer unbehaglichen Viertelstunde erscheint ein Offizier im Raum. Ein grossgewachsener Typ, Igelfrisur, ernster Gesichtsausdruck. Mit einem Notizblock in der Hand setzt er sich zu Hans und seinen beiden Bewachern, in der Ecke gegenüber. Ich kann von ihrer Unterhaltung nichts verstehen, sehe aber deutlich, dass Hans in Bedrängnis gerät.

Nach zehnminütiger, intensiver Befragung steht der Offizier auf und geht zu Koni, rechts von mir. Weitere zehn Minuten später ist Paul dran.

Dann ist die Reihe an mir.

»Und nun zur Wahrheit, junger Mann!« eröffnet die Igelfrisur das Gespräch. »Die anderen haben alles zugegeben. Nun liegt es an Ihnen. Mal sehen, was Sie aus Ihrer üblen Situation noch machen.«

Seiner Miene nach habe ich den Zweiten Weltkrieg verschuldet. Natürlich bin ich völlig im Ungewissen über das, was die anderen ihm erzählt haben. Und ebenso wenig kann ich angesichts der klaren Fakten einen auf »unschuldig« machen.

»Beginnen wir also ganz am Anfang!«, geht es los. »Wo haben Sie vier sich getroffen?«

Ich bleibe mit meinen Antworten vorerst so nahe wie möglich bei der Wahrheit. Als sich die Fragen jedoch auf den eigentlichen Punkt, den Erwerb des Ostgeldes fokussieren, versuche ich die anderen auszuklammern.

»Okay, ich habe das Geld auf einer Bank im Westen gewechselt und durch die Kontrolle in die DDR geschmuggelt«, gebe ich zu, was nicht zu verleugnen ist. »Aber ich habe keine Ahnung, wie die drei anderen zu ihren Ostmark gekommen sind und wie viele sie davon noch haben.«

Die Mimik des Offiziers verrät mit nichts, ob er mir glaubt, oder ob er von den anderen eine divergierende Version der Geschichte bekommen hat. Es folgen weitere Fragen, ein paar Notizen, dann lässt er mich mit meinen Bewachern alleine und setzt das Verhör bei Paul in der Ecke gegenüber fort. Dann bei Koni. Dann bei Hans. Dann bei mir.

In diesem Stil geht es nun in den folgenden Stunden

weiter. Pausenlos geht der Typ von einem zum anderen, quetscht uns aus nach allen möglichen und unmöglichen Details unseres Lebens, ohne erkennbaren Zusammenhang zu dem uns vorgeworfenen Vergehen. Zwischendurch lässt er immer mal wieder eine Bemerkung fallen. Darunter auch ziemlich putzige.

Zum Beispiel: »Lehrer wollen Sie werden? Können Sie das moralisch mit Ihrer Tätigkeit als Devisenschmuggler vereinbaren?«

Und: »Sie sind also so nahe bei Wilhelm Tells engerer Heimat zu Hause – und zeigen so wenig moralische Integrität!«

Oder: »Dieses von Ihnen begangene Delikt offenbart eine verdorbene Gesinnung, welche uns Bürgern der Deutschen Demokratischen Republik völlig fremd ist!«

Noch hat niemand einen Blick auf das Geld geworfen, das wir nach wie vor auf uns tragen. Die »Deliktsumme« ist also offiziell nicht erhoben worden.

Als sich unser Interviewer mal um Koni, rechts von mir kümmert, kann ich fasziniert beobachten, wie Hans gegenüber krampfhaft etwas aus seiner Hosentasche nestelt und versucht, es in den hinter seinem Stuhl stehenden Pflanzentopf zu stecken. Banknoten, offensichtlich! Ein reichlich waghalsiges Unternehmen angesichts der acht Bewacher, deren Gesichtsfeld den ganzen Raum abdeckt! Mindestens die beiden Soldaten, links und rechts von mir, müssten das Manöver eigentlich genauso gut verfolgen können wie ich. Merken die nicht, worum es dort geht? Oder lassen sie es gar bewusst zu, um die Beute später für sich aus dem Topf zu pflücken?

Es wird eine sehr, sehr lange Nacht. Unglaublich, was die Igelfrisur alles wissen will! Geht es vielleicht gar nicht um die Antworten? Sollen wir mit der Endlos-Fragerei nur einfach zur Schnecke gemacht werden? Wollen die uns ihre Macht spüren lassen? Was blüht uns eigentlich? Werden wir inhaftiert? Für wie lange?

Ich mag mir nicht vorstellen, was das für Folgen hat, wenn wir hier in der DDR bleiben müssen, während die Klasse nach Hause fährt. Gibt das Konsequenzen an der Schule? Und wie werden es meine Eltern aufnehmen? Eine undenkbare Katastrophe!

Es geht schon auf den Morgen zu, als die Erlösung naht:

»Sie haben eine riesengrosse Dummheit begangen«, erläutert mir der Offizier.

Da kann ich ihm mittlerweile beipflichten.

»Mit ihrem Verstoss gegen die Gesetze der Deutschen Demokratischen Republik«, fährt er fort, »verletzten Sie die Sicherheit und Ordnung unseres friedliebenden Volkes.«

Das hingegen sehe ich anders.

Es folgt ein langer moraltriefender Sermon, den ich schweigend über mich ergehen lasse.

Die Predigt gipfelt schliesslich in der Ankündigung:

»Die Deutsche Demokratische Republik ist bereit, in Ihrem Fall Grosszügigkeit zu beweisen und das Verfahren gegen Sie auszusetzen. Wir verzichten ausnahmsweise darauf, die für dieses Delikt vorgesehenen Sanktionen zu vollziehen. Wir wollen Sie jedoch nie mehr in unserem Lande sehen. Und falls Sie dennoch wieder mal kommen, dürfen Sie versichert sein, dass die Kontrolle beim Grenzübertritt ganz besonders intensiv ausfallen wird.«

Phhhuh!

Zum Abschluss zückt der Mann eine Dose mit einem aufgemalten roten Kreuz. Er fordert uns auf, alle noch vorhandenen Ostmark in die Dose zu geben, um »mit diesem Beitrag an die internationale Hilfsorganisation *Rotes Kreuz* unsere Reue und den guten Willen zur Besserung zu demonstrieren«. Erleichtert kommen wir der Aufforderung nach. Lieber das, als eine Stasi-Zelle!

Kurz vor sechs Uhr morgens werden wir von unseren uniformierten, bewaffneten Freunden – welche die ganze Nacht neben uns stehend ausgeharrt haben – hinaus eskortiert, auf die U-Bahn-Station. Diese bildet hier mit dem Checkpoint eine Einheit. Der erste Frühzug fährt ein, die Türen öffnen sich. Die Soldaten stellen sicher, dass wir auch wirklich einsteigen und schon geht es ab, in den Westen.

Erst jetzt – inzwischen völlig ausgenüchtert – können wir wieder miteinander reden. Wir vergleichen die Antworten, die wir beim nächtlichen Verhör abgegeben haben. Offenbar stimmten sie in den juristisch relevanten Punkten mehr oder weniger miteinander überein. Glück gehabt!

Mit Weiterfeiern auf dem Ku'damm ist nichts mehr. Reichlich ausgelaugt ziehen wir uns in die Klassen-Unterkunft zurück, froh darüber, dass sie keine vergitterten Fenster hat.

Kollegen

Während meiner gesamten Karriere durfte ich mit über-
wiegend sympathischen, hilfsbereiten und entspannten
Kolleginnen und Kollegen zusammenarbeiten. In mehr als
40 Jahren kann ich mich nur gerade an zwei ernsthafte
Zerwürfnisse mit je einer Kollegin erinnern.

Auf der anderen Seite pflegte ich mit etlichen Mitarbei-
tern auch in der Freizeit sporadische Kontakte. Sei es für
ein Skiweekend, einen Wassersport-Ausflug, einen Whisky-
Abend oder ganz einfach für ein gemeinsames Bier oder
Nachtessen.

Vor allem in jüngeren Jahren war der Umgang miteinan-
der manchmal etwas deftig, aber niemals böse gemeint.

Dieses harmonische Verhältnis war natürlich auch ein
mitentscheidender Grund, meiner Arbeitsstelle so lange
treu zu bleiben.

Sabotage

Eine Lehrerin, die während ein paar Jahren an unserer
Schule unterrichtet, können wir nicht so gut ausstehen.
Ihr unkollegiales, unprofessionelles und manchmal zi-
ckenhaftes Verhalten kommt bei den meisten Mitarbeitern nicht gut an.

Unseren Missmut reagieren wir hin und wieder mit
sporadischen Aktionen ab. Einmal bestellen wir ihr mitten in der Nacht ein Taxi, ein anderes Mal verbrennen

wir nächtens in ihrem Klassenzimmer ein Stück Schwefelband, sodass der Gestank im Zimmer den Aufenthalt am nächsten Tag fast unerträglich macht.

Und einmal, während einem gemeinsamen Kochabend an der Schule, klemmen wir unter den Zündverteiler ihres Wagens ein feuchtes Stück Löschpapier. Sobald sie losgefahren ist, erwärmt sich das Ding, trocknet dadurch aus und unterbricht somit nach ein paar Minuten Fahrt den Zünd-Kontakt. So bleibt sie mitten in der Nacht auf offener Strecke stehen.

Unbedacht wie sie ist, erzählt sie im Lehrerzimmer jeweils von ihrem Ungemach und gibt uns damit ausreichend Genugtuung, unser Ziel erreicht zu haben.

Polizeikontrolle

Einen anderen Kollegen mögen wir sehr gut. Trotzdem muss er einmal herhalten für einen Klamauk. Wir beobachten ihn, wie er eines Nachts an meiner Wohnung vorbei zu sich nach Hause fährt. Als wir annehmen, dass er dort angekommen sein muss, rufen wir ihn mit verstellter Stimme an:

»Hier Kantonspolizei Zug. Guten Abend.«

»Guten Abend!?«

»Eine unserer Patrouillen hat Sie soeben beim Dorfeingang vorbeifahren sehen. Waren Sie selbst am Steuer ihres Wagens?«

»Ja. Warum denn?«

»Es besteht der Verdacht, dass Sie unter Alkoholeinfluss stehen.«

»Ich habe nichts getrunken!«

»Das würde wir gerade gerne überprüfen. Könnten Sie sich bitte bereit machen, damit unsere Streife bei Ihnen gleich mal einen Test durchführen kann?«

Pause am anderen Ende. Man spürt förmlich, wie peinlich es ihm sein würde, wenn da die Polizei ins Haus kommt. Er wohnt in einem Mehrfamilienhaus.

»Ginge das denn nicht auch irgendwie anders?« fragt er beklommen.

»Naja, wenn Sie w i r k l i c h nichts getrunken haben, können wir den Test natürlich auch hier auf dem Posten machen. Sie müssten sich dann allerdings innerhalb der nächsten zwanzig Minuten hier einfinden!«

»Okay, mache ich!« die Erleichterung ist unüberhörbar.

Wir hängen auf und machen uns unsererseits sofort auf den Weg zum Polizeiposten an der Aa in Zug. Dort warten wir versteckt im Wagen auf dem Parkplatz, bis der Kollege angefahren kommt.

Vergnügt schauen wir ihm nach, wie er den Posten betritt. Minuten später kommt er wieder heraus. Sichtlich verwirrt. Offenbar ist man mit ihm dort drinnen nicht so richtig klar gekommen.

Jetzt erst geben wir uns ihm mit Lärm und Hallo zu erkennen. Leider rächt er sich damit, dass er nie verrät, wie sich die Konversation dort auf dem Polizeiposten wirklich abgespielt hat.

Fischvergiftung

Ein als notorischer Trinker berüchtigter Sekundar-
lehrer lädt mich blutjungen Neueinsteiger an einem
Abend zu einer Flasche *Southern Comfort* ein. Als die
Literflasche geleert ist, schleppt er mich in die Dorf-
bar, wo seine Freundin an der Theke arbeitet. Ich weiss
nicht mehr, was wir dort noch getrunken haben. Aber
ich mag mich gut erinnern, wie der Junge neben mir
plötzlich zusammensackt, vom Hocker fällt und anschliessend von einigen Barbesuchern ins Auto seiner
Freundin getragen wird. Diese beendet ihre Schicht
vorzeitig und übernimmt es, ihren Typen nach Hause
zu fahren.

Damit scheint der Abend gelaufen. Ich mache mich
auf den Heimweg. Von zufällig vorbeifahrenden Kollegen werde ich aufgegriffen und direkt vor meiner Haustüre abgesetzt.

Am nächsten Morgen erwache ich voll bekleidet auf
meinem Bett liegend. In der Wohnung herrscht ein
übles Durcheinander. Der WC-Deckel liegt im Korridor.
Vor der Haustüre entdecke ich eine Pfütze Erbroche-
nes.

Der Versuch, etwas feste Nahrung zu mir zu nehmen, scheitert über der Kloschüssel. Ich fühle mich
miserabel. Unmöglich in diesem Zustand zur Schule
zu gehen.

Ich melde mich telefonisch beim Rektor ab. Krank.

Ein paar Minuten später klingelt das Telefon. Mein
Trink-Genosse. Er fühle sich nicht in der Lage, heute zu
unterrichten. Auch er habe sich soeben abgemeldet.
Nun müssten wir uns was einfallen lassen, meint er.

Etwas, das unseren Doppel-Ausfall in besserem Licht erscheinen lässt. Eine Fischvergiftung zum Beispiel. Verursacht durch eine offenbar verdorbene Büchse Sardinen, welche wir am Vorabend genossen hätten.

Er übernimmt es, dem Rektor diese Information nachzuliefern.

Fünf Minuten später ruft mich der Rektor an. Er wisse nun, was mir fehle. Eine Fischvergiftung! Ich solle sofort zum Arzt gehen.

Das muss ich nun wohl oder übel tun, obwohl zum Vornherein feststeht, wie der Befund ausfallen würde und wie nutzlos diese Konsultation ist.

Natürlich kennt man die Episode bald im ganzen Dorf, schliesslich passierte es ja nicht allzu häufig, dass die Bar schon abends um halb elf Uhr geschlossen werden muss.

Noch monatelang werden wir immer wieder von allen Seiten mit wissendem Zwinkern angesprochen: »Fischvergiftung, was? Hehehe!«

Dies bleibt aber mein erster und letzter alkoholinduzierter Arbeitsausfall meiner Karriere. Und auch die letzte Flasche Southern Comfort in meinem Leben.

Fasnacht

An unserer Schule wird damals zur Fasnachtszeit normal unterrichtet. Wisi und ich, die in derselben Luzerner Guggenmusik mitmachen, sind etwas in Verzug mit dem Bau der Guggen-»Grinde«. Erst am Nachmittag vor dem donnerstäglichen Urknall machen wir uns ernsthaft an die Arbeit.

In seiner Küche legt Sportsegler Wisi ein ausrangiertes altes Segel aus. Darauf formen, kleistern und bemalen wir die Masken-Köpfe nach den Vorgaben unserer Gruppe. Obwohl wir einige raffinierte Kniffe anwenden, dauert die Arbeit die ganze Nacht hindurch bis frühmorgens, kurz vor Fasnachtsbeginn. Gerade noch rechtzeitig zum Start sind wir einigermassen fertig.

Bis sieben Uhr ziehen wir sodann mit unserer Gugge musizierend durch die Stadt, auf den Schultern die soeben halbwegs fertiggestellten »Grinde«. Danach löst sich der Tumult etwas auf, die ersten Frühaufsteher gönnen sich ein Frühstück oder gar ein Nickerchen. Wir beiden Durcharbeiter hingegen müssen in die Schule zum Unterricht.

Um uns in dieser schwierigen Situation etwas zu entlasten, haben wir beide in weiser Voraussicht vorgängig bei der Schulfilmzentrale je einen Unterrichts-Film bestellt, welchen wir unseren Klassen genau an diesem Vormittag zeigen wollen.

Weil mit meiner Klasse in der Geschichte gerade der Zweite Weltkrieg behandelt wird, habe ich einen 45-minütigen Film zu diesem Thema geordert.
Ich verdunkle das Klassenzimmer, spanne die Filmspule in den Projektor, sage ein paar einführende Worte und

will mich gerade entspannt zurücklehnen. Doch da muss ich mit Schrecken feststellen, dass der (von mir natürlich nicht vor-visionierte) Film keine Tonspur hat! Ein Stummfilm!

Wilde Aneinanderreihungen von Kriegsszenen-Schnipseln in schwarz-weiss, ohne erkennbaren Roten Faden, zucken da endlos über die Leinwand! Ohne Begleit-Kommentar bieten sie den Schülern nicht den geringsten Informationsgehalt. Und schon gar keinen anhaltenden Unterhaltungswert.

Um mir keine Blösse zu geben, und um die Schüler bei der Stange zu halten, muss ich nun aus dem Stegreif mitkommentieren und versuchen, aus dem wilden Bildermix einen Zusammenhang zu erkennen und ihn verbal den Schülern weiterzugeben. Ein mentaler Parforce-Akt!

Zum Glück hört kein Sachverständiger zu, was mir da alles so spontan einfällt!

Bis zur Pause, nach dieser Lektion als Stummfilm-Improvisationskommentator, bin ich fix und fertig. Und habe keine Ahnung, was das den Schülern jetzt gebracht hat.

Etwas Aufheiterung verschafft Wisi, als er mir im Lehrerzimmer anvertraut, dass er vorhin im verdunkelten Klassenzimmer während seiner Vorführung tatsächlich im Stehen eingeschlafen sei.

Eine Gnade, die mir nicht vergönnt geblieben ist.

Am Tag danach kommt's noch schlimmer. Ziemlich ernüchtert berichtet Wisi:

»Ich habe gerade festgestellt, dass das Segel, auf welchem wir unsere Guggen-Grinde konstruiert haben, nicht das ausrangierte alte Teil gewesen ist, sondern ein noch voll funktionsfähiges, sauteures Rennsegel! Mit all den nicht mehr entfernbaren Rückständen von Kleister, Gips und Lackfarbe ist das jetzt natürlich futsch ...!«

Katzengulasch

Während einiger Jahre pflegen wir eine sogenannte »Kochrunde« im Lehrerkollegium: Zwei Männer und vier Frauen, die sich gegenseitig abwechslungsweise zum selbstgekochten Mittagessen einladen.

Die Kolleginnen und Kollegen zaubern dabei stets fantastische Menüs auf den Tisch. Meine eigenen Kochkünste sind eher unbedarft und ich darf deshalb froh sein, in diesem erlesenen Kreis der Gourmets überhaupt geduldet zu werden. Dies umso mehr nach einer Episode, welche meine Vertrauenswürdigkeit arg in Frage stellt.

Es beginnt damit, dass wir nach einem weiteren feinen Mahl – gekocht von einer Kollegin – darüber diskutieren, welche Fleischsorten geniessbar seien. Meine aus der Luft gegriffene Behauptung, richtig zubereitet vermöge niemand Kaninchen von Katzenfleisch zu unterscheiden, stösst in der Runde auf einhellige Zweifel.

Mein Ehrgeiz ist geweckt. Am Abend vor meinem nächsten Kochtermin besorge ich bei einem Bauern eine Katze. Angeblich als Geschenk für mein Patenkind.

Zusammen mit einem Kollegen bringen wir die Katze in meine kleine Einzimmerwohnung. Auf dem Balkon töten wir sie artgerecht mit einem Schussapparat. Dann hängen wir sie an der Duschvorhangstange auf, ziehen das Fell ab und nehmen sie aus. Minimale Fachkenntnisse über das Ausschlachten habe ich mir während der Rekrutenschule als Rekrut in einem Metzger-Zug angeeignet.

Das Fleisch einer einzigen Katze hätte nicht für ein Gulasch für sechs Personen ausgereicht. Deshalb habe ich mir am Nachmittag in der Metzgerei zusätzlich noch einige Kaninchenstücke besorgt. Diese bereite ich jetzt zusammen mit dem Fleisch der Katze zu. Nach dem Rezept aus dem Kochbuch.

Am nächsten Mittag serviere ich das mit Kaninchen angereicherte Katzengulasch. Es schmeckt wirklich ganz gut. Man spart auch nicht mit Lob von allen Seiten.

«Wirklich das erste Mal, dass du Kaninchengulasch gemacht hast?» wollen meine Gäste wissen.

Als alles aufgegessen ist, hole ich zum Überraschungs-Coup aus. Der Kopf der Katze liegt noch im Kühlschrank. Den lege ich nun auf einen Teller und trage ihn nach Kellnermanier mit der Serviette über dem Arm zum Esstisch.

Mit einem Schlag ist die fröhliche Stimmung weg.

Totenstille. Entsetzt schaut die Tafelrunde abwechslungsweise auf den Katzenkopf, auf die leeren Töpfe und dann auf mich. Eine Kollegin springt auf, hinaus auf den Balkon. Ein anderer fragt mich verdattert:

«Sag bloss: Haben wir wirklich die Katze gegessen?»

Der Tumult, der folgt, hält für den Rest der Mittagspause an. Die feine Torte, die ich vorsorglich gekauft habe, um die Gemüter nach dem Eklat zu besänftigen, rührt niemand mehr an.

Nur der grossen Friedfertigkeit meiner Kollegen ist es zu verdanken, dass ich den Nachmittagsunterricht unversehrt beginnen kann.

In der Folge dauert es dann mehrere Wochen, bis die von mir zubereiteten Mahlzeiten wieder ohne misstrauisches Herumstochern in den nichtvegetarischen Komponenten eingenommen werden...

Und eine der Kolleginnen schenkt mir als Zeichen der Versöhnung zu Weihnachten sogar eine Krawatte mit Katzen-Design.

Eigentlich hätte ich mich nach all diesen Episoden nicht im Geringsten wundern dürfen, wenn jetzt mal jemand gesagt hätte:

KOHLER, ES REICHT!

Schüler und Unterricht

Machismo

Zu Beginn meiner Anstellung hatten wir nur gerade zwei Turnhallen im Dorf. Da die Kinder den Sportunterricht geschlechtergetrennt besuchten, war dies – gemessen an der Anzahl Klassen – ziemlich knapp bemessen.

Als nun in einer der Hallen sicherheitsrelevante Baumängel entdeckt wurden, musste sie sofort geschlossen werden. Die Situation verschärfte sich. Ich sprach das Problem auch mit meinen Sechstklässlern an.

»Noch wissen wir nicht, wie das mit dem Turnunterricht weitergeht«, verkünde ich besorgt. »Man sucht eine Lösung.«

Die Schüler sind beunruhigt. Sie erwägen unaufgefordert verschiedene Varianten, um die geliebten Sportlektionen zu retten. Eine davon ist mir bis heute in Erinnerung geblieben:

»Wir könnten doch auf die Trennung verzichten! Also Turnunterricht für Knaben und Mädchen zusammen in der verbleibenden Halle«, schlägt ein Mädchen vor.

»Das würde eigentlich schon gehen, aber für die ganze Klasse ist die Halle zu klein, um darin was Vernünftiges machen zu können«, gebe ich zu Bedenken. »Ihr seid immerhin 32 Kinder!«

»Wie wäre es, wenn die Knaben im Freien Sportunterricht hätten und die Mädchen in der Halle?«, fragt ein Junge.

Sofort fällt ihm ein anderer ins Wort:

»Schön – bei gutem Wetter! Aber was ist, wenn es regnet? Oder im Winter?«

Ohne zu zögern kommt die Antwort: »Dann machen wir es umgekehrt!«

Dialekt

An meiner allerersten Anstellung, einer Stellvertretung in einem kleinen Weiler bei Appenzell, werde ich mit den Besonderheiten des lokalen Dialektes konfrontiert.

Die Primarschüler der winzigen Zweiklassen-Aussenschule werden jeweils am Donnerstag von einem Schulbus abgeholt und nach Appenzell ins Hallenbad gebracht, wo sie bei einem Sportlehrer den Schwimmunterricht besuchen.

An einem Donnerstagmorgen sagt mir eine Drittklässlerin, unmittelbar bevor die Klasse in den Bus steigen soll:

»I han s Bdhöös vgässe!«

Obwohl mir der hiesige, etwas nasale Dialekt nicht völlig fremd ist, verstehe ich kein Wort.

»Was hast du?«, frage ich nach.

»S Bdhöös vgässe!«, antwortet das Mädchen, leicht gestresst.

»Was??«

»S Bdhöös vgässe!«

Nachdem das eine Weile hin und her gegangen ist, begreife ich nur, dass es um irgendetwas Vergessenes geht. Keine Ahnung was ein »Bdhöös« ist!

Ich sehe, dass der Busfahrer wartet. Schon fast ein bisschen genervt, sage ich deshalb zur Kleinen:

»Macht nichts, dann gehst du halt ohne!«

Mit riiiesengrossen Augen starrt sie mich ungläubig an und steigt höchst widerwillig in den Bus.

Erst danach erfahre ich, das »s Bdhöös« ein Badekleid ist ...

Klassenchronik

Die Klassenchronik war ein Journal, in welchem jeweils Begebenheiten aus dem Schulalltag handschriftlich eingetragen wurden. Exkursionen, Mutationen im Schülerbestand, Behördenbesuche, etc.

Ich zählte nie zu den eifrigsten Chronisten und empfand die Führung dieses Buches als lästig und eher überflüssig, da es ohnehin von niemanden gelesen wurde.

Eine Ausnahme gab es allerdings: Der Inspektor. Der liess sich manchmal bei seinem jährlichen Besuch neben Unterrichtsbuch und Schülerheften auch die Klassenchronik zeigen.

Unbekümmert händige ich dem Inspektor bei seinem turnusgemässen Besuch die gewünschten Unterlagen aus, in der ehrlichen Überzeugung, alles sei bestens nachgeführt und dokumentiert: Schüler-Arbeitshefte, Unterrichtsvorbereitungen und das Journal mit der Chronik.

Worauf mein gutes Gewissen basiert, ist jedoch schlichtweg nicht nachvollziehbar. Eigentlich müsste ich doch wissen, dass meine Dokumentationen traditionsgemäss ziemlich defizitär geführt sind!

In einer Schülerarbeits-Phase während des Unterrichts, winkt mich der Inspektor zu sich und fragt, ob ich noch eine andere Klassenchronik hätte. Als ich verneine, fragt er, ob ich noch wisse, welches denn hier mein letzter Eintrag sei.

»Die Klassenreise?« – Kopfschütteln.

»Der Schuljahres-Anfang?« – Wiederum Kopfschütteln.

»Ein Elternabend?«

Mit einem riesigen Fragezeichen im Gesicht hält er mir das Buch vorwurfsvoll entgegen. Ich beginne zu ahnen, dass da vielleicht die eine oder andere inhaltliche Lücke klaffen könnte.

Doch was ich dann zu sehen bekomme, übertrifft locker alle Befürchtungen: Der letzte Vermerk stammt vom Inspektor selber, eingetragen anlässlich seines vorletztjährigen Besuchs ...

Unterrichtsheft

Die zweite Dokumentation, welche der Inspektor jeweils sehen wollte, war das Unterrichtsheft. Dieses diente zur Unterrichtsplanung und zur Dokumentation der Lektionen.

Weil die Stunden- und Stoffpläne damals noch viel weniger komplex waren als später, und Exkursionen und andere ausserschulische Anlässe wesentlich flexibler angesetzt werden konnten, pflegte ich einen ziemlich lockeren Umgang mit diesem Unterrichtsheft. Stress gab es jeweils nur, wenn ein Inspektionsbesuch angesagt war. Dann musste ich meinen Unterricht jeweils über das laufende Schuljahr zurück rekonstruieren.

Verzweifelt starre ich ins praktisch leere Unterrichtsheft. Dann wieder auf den Brief, in welchem der Inspektor für kommende Woche seinen Besuch ankündigt.

Es ist April. Wie soll ich bloss die Lektionen der vergangenen neun Monate rekonstruieren? Ein unmögliches Unterfangen!

Ich versuch's trotzdem.

... und scheitere kläglich schon nach kurzem Blättern in den Unterlagen.

Es geht nicht. Keine Chance!

Es muss einen anderen Weg geben.

Auf die Lösung, auf welche ich schliesslich ausweiche, bin ich nicht stolz. Aber sie rettet mir halbwegs den Kragen: Ich besorge mir ein neues, leeres Unterrichtsheft und trage dort, so gut es gerade geht, die Lektionen der letzten drei Wochen ein. Startdatum: Aschermittwoch.

Als dann der Inspektor seinen Besuch abstattet, flunkere ich ihm vor:

»Das war unglaublich! An der Schulfasnacht war's: Die verkleideten Schüler zogen gruppenweise durchs ganze Schulhaus, mit Konfetti, Musik und viel Trara. Dabei müssen sie das Chaos ausgenutzt und mein Unterrichtheft geklaut haben! Jetzt habe ich halt im neuen nur die Einträge seit Aschermittwoch drin.«

Naja. Selbstverständlich lässt sich der Inspektor damit nicht überzeugen. Ich hätte das an seiner Stelle ja auch nicht geglaubt. Schon gar nicht, wenn ich die Erfahrungen des damaligen Inspektors mit meinen Unterrichtheften vergangener Jahre gehabt hätte.

Aber immerhin bin ich trotz der behördlichen Zweifel wieder für ein Jahr im Trockenen. Wie schon so oft in der Vergangenheit, nehme ich mir ernsthaft vor:

»Diesen Stress tue ich mir nicht mehr an! Im nächsten Jahr werde ich das Unterrichtsheft ganz bestimmt sehr gewissenhaft führen!«

Man ahnt es: Die Umsetzung meines Vorsatzes schwächelte auch dieses Mal schon nach kurzer Zeit im neuen Schuljahr. Und sie verlief wie immer völlig im Sande, nach dem alljährlichen Inspektionsbesuch.

Als es später möglich wurde, die Unterrichtsplanung und -Dokumentation digital zu führen, kam ich meinen diesbezüglichen Pflichten immer besser nach. Und mit den komplexen, stundenplan- und schulart-bedingten Strukturen in meiner zweiten Karriere-Hälfte konnte ich mir schliesslich eine seriöse Planung ohne diese Hilfe kaum mehr vorstellen. Dannzumal gab es allerdings auch keine Inspektoren mehr.

Heizungsausfall

Während dreier Jahre hatte ich mein Klassenzimmer in einem kleinen Schulhaustrakt, wo zu jener Zeit nur noch zwei andere Klassen unterrichtet wurden: Eine weitere Realklasse und eine erste Primarklasse, welche nach Stundenplan den Unterricht jeweils erst später am Morgen aufnahm.

Es ist ein klarer, aber sehr kalter Wintertag. Ich hätte mir Schöneres vorstellen können, als den Tag mit Unterrichten zu verbringen. Das ändert sich auch nicht beim Betreten des kleinen Schulhauses: Im Gebäude ist es nur wenig wärmer als draussen. Heizungsausfall!

Ich bespreche mich kurz mit dem anderen Reallehrer im Haus:

»Unzumutbar, diese Kälte!«

»So ist es! Da kann man nicht unterrichten!«

»Was machen wir also?«

»Schicken wir die Kinder heim?«

»Gute Idee!«

»Okay machen wir! Ich gebe dann dem Rektor Bescheid!«

Bevor uns der reinreden und eine eventuelle Alternativ-Lösung vorschlagen kann, schicken wir die Kinder nach Hause. Sie haben nichts dagegen.

Und ich nutze den Tag für eine Skitour.

Am nächsten Tag erfahren wir, dass der dritte Lehrer im Schulhaus, dessen Klassenzimmer auch von der Kälte betroffen worden ist, das Problem ganz anders angegangen hat: Der hat nämlich – ungerührt der widrigen Umstände – seine kleinen, zähen Erstklässler in Jacken, Mützen und Handschuhen der Kälte trotzen lassen und den Unterricht nach Plan durchgezogen.

Angesichts dieser vorbildlichen Arbeitsmotivation hinterlassen wir mit unseren grossen Oberstufenschülern einen ziemlich verweichlichten Eindruck ...

Nach Männer-Art

Eine der Sonnenseiten meines Berufes war natürlich der stete Kontakt mit den Jugendlichen. Immer wieder brachten die Kinder mit ihrem Gehabe, den Sprüchen und Ausdrücken was zum Schmunzeln oder Lachen in den Alltag.

Während dem Werkunterricht geraten zwei 15-jährige Jungs aneinander. Die Situation spitzt sich zu, bis ich den beiden mit einem Blick zu verstehen gebe, dass ich im Unterricht keine handgreiflichen Konfrontationen dulde.

Murrend wenden sich die Streithähne ihrer Arbeit zu. Dabei droht einer dem anderen: »Das regeln wir nachher! Draussen. Wie Männer!«

Schmunzelnd wende ich mich ab.

Da mischt sich der kleinste Schüler der Klasse ein und flötet in bester Sozi-Manier:

»Gewalt ist keine Lösung, Kevin!«

Ladendiebstahl

Eigentlich widerstrebte es mir völlig, meine Schutzbefohlenen anzulügen. Aber einmal musste es sein. Ich sah nur noch eine faustdicke Lüge als Weg zu einem höheren Ziel. Mögen mir die Jungs verzeihen!

»Schauen Sie mal: Das ist ein Geschenk, weil Sie für uns so ein schönes Klassenlager organisiert haben!« Treuherzig blickend überreicht mir Ahmed einen modischen Schlüsselanhänger mit stilisiertem Edelweiss.

Für einen Moment bin ich fast gerührt. Ich bedanke mich herzlich.

Dann gewinnt professionelles Misstrauen die Oberhand. Schnell einmal stelle ich fest, dass die meisten Jungs der Klasse neuerdings solche und ähnliche Schlüsselanhänger haben. Und schicke Sonnenbrillen. Genau solche, wie jene, welche ich jeweils vor der Souvenir-Abteilung des Lagerdorf-Ladens am Gestell gesehen habe.

Ich lasse mir nichts anmerken, höre und sehe mich aber aufmerksam um. Plötzlich erscheinen all die Knabbersachen und Getränkedosen, über welche die Schüler ständig in Unmengen verfügen – obwohl sie angeblich alles Taschengeld schon ausgegeben hatten – in einem anderen Licht.

Am ersten Schultag nach dem Lager ziehe ich die Show ab. Lüge, dass die Balken krachen. Spiele den Schülern was vor, wie ich es niemals vorher oder danach getan habe:

Während der Mathematikstunde hole ich einen Schüler nach dem anderen mitsamt den Mathesachen aus dem Zimmer in jeweils einen anderen leerstehenden Gruppen- oder Fachraum. Ich beginne mit jenem Schüler, bei welchem ich die grösste Erfolgs-Chance sehe. Die Interviews laufen mehr oder weniger alle nach demselben Muster ab:

Ich: »Erzähl mal, wie das gelaufen ist im Laden, mit deiner neuen Sonnenbrille! Und mit all den Getränke-Dosen und den anderen Sachen!«

Er: »Wieso? Was? Welche Sachen? Wann?«

Ich: »Mit den Sachen, die Du während dem Lager geklaut hast.«

Er: »Ich habe nichts geklaut!«

Ich: »Und die Sonnenbrille?«

Er: »Die habe ich gekauft.«

Ich: »Die Sonnenbrille ist in der Ladenkasse nicht abgebucht. Auf den Video-Aufzeichnungen der Überwachungskameras sieht man Jungs beim Klauen. Bist du sicher, dass man dich da nicht erkennen wird?«

Er: »Ganz sicher. Ich habe nichts geklaut!«

Ich: »Okay. Machen wir's kurz! Du hast zwei Möglichkeiten. Erstens: Du gestehst hier und jetzt den Ladendiebstahl. In diesem Falle könnten wir eventuell darauf verzichten, deine Eltern zu informieren, falls da nichts Weiteres mehr dazu kommt.

Oder zweitens: Du gestehst nicht. Dies hätte zur Folge, dass ich als Klassenlehrer die Täter anhand der Aufzeichnungen identifizieren muss. Und falls du dann doch auf den Aufnahmen zu erkennen bist, kämen zwingend die Polizei und die Eltern ins Spiel. – Na?«

Das wirkt. Bei allen.

Einer nach dem anderen gesteht: Etwas mitgehen gelassen hier. Etwas nicht bezahlt dort. Da die anderen gedeckt. Und so weiter. Nach und nach erfahre ich auch die Namen aller Beteiligten.

Sobald das Geständnis jeweils vorliegt, lasse ich den Übeltäter im Befragungs-Raum alleine an der Mathe weiterarbeiten und hole mir einen neuen Verdächtigen aus der Klasse in einen anderen Raum. Gegenseitige Absprache unmöglich.

Bis zur Pause ist die Aktion abgeschlossen, sind die Geständnisse lückenlos vorhanden und alle verfügbaren Räume mit einem einsamen Reuigen besetzt. Acht von zehn Jungs haben mitgemacht! Ich bin etwas erschüttert.

Wir einigen uns auf dreissig Franken, die jeder von ihnen zurückbezahlen muss und die vermutlich insgesamt den Betrag aller gestohlenen Waren in etwa abdecken. Dazu müssen die Schlüsselanhänger und Sonnenbrillen zurückgegeben werden.

Dem Filialleiter des Ladens, den ich über die Sache informiere, ist der Verlust nicht aufgefallen. Er bedankt sich für die »Reue« und die Sachen und meint, wir sollten das Geld behalten oder für einen guten Zweck spenden.

Ich überweise es dem Polizisten vom Lagerdorf, der verspricht, es einer bedürftigen lokalen Familie zukommen zu lassen.

Diebstahl zum Zweiten

All die Ermahnungen und Versprechen nach dem Klassenlager-Vorfall, sind zumindest bei zwei Schülern, nicht sehr nachhaltig geblieben. Etwa drei Monate nach dem Lager informiert mich die Hauswirtschaftslehrerin, dass immer nach dem Unterricht einige Süssigkeiten fehlen, die sie jeweils in ihrem Schrank aufbewahrt hat.

Ein kurzer Blick auf die Schüler-Liste ihrer Kochgruppe genügt, und da kristallisieren sich glasklar zwei Hauptverdächtige heraus. Zwei, die schon im Lager bei den Diebstählen beteiligt gewesen sind. Wir stellen ihnen eine Falle.

Vor der nächsten Hauswirtschafts-Lektion legen wir mehrere Schachteln mit jenen Süssigkeiten in den

Schrank, welche von den Dieben offensichtlich bevorzugt werden. Jede Schachtel markieren wir an einer unauffälligen Stelle mit einem kleinen Code. Das Ganze wird fotografiert. Zudem vereinbare ich mit dem Dorf-Polizisten, dass er sich auf das Ende der Lektion hin für einen Einsatz bereithält.

Alles kommt wie vermutet.

Bevor die Schüler nach Hause gehen, kontrolliert die Lehrerin den Schrank und stellt fest, dass da wieder vier Schachteln fehlen. Sie verabschiedet die Klasse, behält aber die zwei Verdächtigen zurück.

»Habt ihr mir was zu sagen?« fragt sie die beiden.

»Nein. Wieso? Was?«

»Mir fehlt was im Schrank!«

»Was denn? Wir haben nichts geklaut.«

Das ist der Moment, wo der vor der Türe wartende Polizist zum Einsatz kommt. Er durchsucht die Rucksäcke der beiden Jungs – und findet auf Anhieb die verschwundenen Sachen.

Für die beiden zum zweiten Mal ertappten Jungs kommt der Schulsozialarbeiter ins Spiel, ihre Eltern werden informiert – nun auch über den Vorfall im Klassenlager – dazu folgen ein paar weitere Massnahmen.

Nobel-Restaurant

Einmal machte ich zwei Schülern, welche immer wieder auf allen Ebenen mit Schwierigkeiten zu kämpfen hatten, das Angebot, sie drei Jahre nach dem Schulabschluss zu einem Nachtessen einzuladen, falls sie die Kurve kriegen und es schaffen würden, die anstehende Berufslehre ohne Macken zu bestehen.

Drei Jahre später. Einer der beiden hat es tatsächlich geschafft. Berufslehre einwandfrei abgeschlossen. Ich bin begeistert. Ahmed darf sich das Restaurant aussuchen. Natürlich wählt er die nobelste Adresse im Dorf.

Als wir uns treffen, gucke ich dumm aus der Wäsche, im wahrsten Sinne des Wortes: Vor mir steht ein geschniegelter junger Mann, mit Lackschuhen, schniekem Sakko und Krawatte. Daneben sehe ich in meinen Jeans und dem T-Shirt aus wie ein Penner.

Als er die Speisekarte mit den Preisen sieht, hat Ahmed Hemmungen, sich sein Wunsch-Menü zu bestellen. Erst auf meine mehrfachen Ermunterungen hin, wählt er das Top-Angebot.

Während dem Essen führen wir ein sehr angeregtes und interessantes Gespräch. Der Junge ist spürbar reifer geworden, hat die Kurve gekriegt. Eine sehr schöne Erfahrung!

Schliesslich verabschieden wir uns und verlassen das Restaurant. Draussen, etwas abseits, warten seine Kumpels auf dem Dorfplatz. Schon von weitem ruft Ahmed ihnen begeistert zu:

»58 Franken! – Nur schon das Fleisch!«

Herrlich! Ich muss lachen.

Handy-Abo

Zeit meines Erwachsenenlebens verwendete ich in der Regel einen schönen Teil meines verfügbaren Geldes für Reisen und Sportequipment. Schicke Kleider, prestigeträchtige Autos, aktuellste Handys und deren Alles-inklusive-Komfort-Abos lagen stets relativ weit hinten auf meiner Wunschliste. Damit stand ich in krassem Gegensatz zur Majorität meiner Erziehungsbefohlenen.

Die Fünfzehnjährige, die im Car vor mir sitzt, unterhält sich nun schon seit mindestens einer Stunde per Video-Telefonie auf ihrem Handy mit einer Reihe von Verwandten und Bekannten zu Hause in der Schweiz. Ich bin erstaunt – schliesslich befinden wir uns gerade jenseits der Grenze, im Elsass.

»Sag mal Tami, was hast du denn für einen Abo-Vertrag, dass du so lange internationale Video-Anrufe tätigen kannst?« frage ich sie.

»Ach, nichts Besonderes. Halt das, was wohl die meisten haben.« sagt Tamara.

»Und wie viel kostet denn das?«, hake ich nach.

Als wäre es das Selbstverständlichste der Welt antwortet sie:

»79 Franken im Monat.«

»Was?« schnappe ich nach Luft. »79 Franken? Pro Monat? Nicht dein Ernst?«

Sie lacht über meine perplexe Reaktion und erkundigt sich unschuldig:

»Wie viel bezahlen denn Sie für Ihr Abo?«

Zufällig habe ich den exakten Betrag im Kopf: »Sechszehn fünfzig!«

Sie macht grosse Augen und, als hätte ich einen Witz gemacht, ruft sie ungläubig lachend aus: »Was? Sechszehn fünfzig? Hahahaha! Sechszehn fünfzig!«

Als wäre das eine Riesensensation, zeigt sie auf mich und ruft in die Runde: »Herr Kohler bezahlt nur sechszehn fünfzig für sein Handy-Abo!«

Die mitleidigen Blicke, die mir aus der Schülerschar zugeworfen werden, bekunden überdeutlich, dass sie mich nicht für voll zurechnungsfähig halten.

Du mich auch!

Die Eigenheiten der einzelnen Lehrpersonen sind unter den Kindern meist klassen- und stufenübergreifend bekannt.

Auf der anderen Seite kann auch das Image eines Schülers in Lehrerkreisen manchmal ein paar Jahrgänge vorauseilen. Vor allem, wenn das Image negativ behaftet ist. Nicht selten wurde ich von verzweifelten Primarlehrerinnen informiert: »Wenn du d e n dann mal in die Klasse bekommst, wirst du was erleben!«

Ich habe solche Hinweise wenn immer möglich abgeblockt. Ich wollte mir jeweils ein eigenes Bild machen. Zudem sollte jeder Schüler bei einem Klassenwechsel die Chance auf einen Anfang bei Null haben.

»Sind Sie Herr Kohler?«

Der Junge, der im Gewimmel des Schuljahresabschluss-Fests vor mir steht, ist relativ klein gewachsen. Aber der kecke Blick verrät viel Selbstvertrauen.

»Ja, der bin ich. Und wer bist du?«

»Ich heisse Alim. Ich werde nächstes Jahr zu Ihnen in die Klasse kommen.«

»Das ist ja super!«

Der Junge scheint da eine etwas andere Vorstellung zu haben. Mit zusammengekniffenen Augen und leicht drohendem Unterton meint er:

»Ja. Da werden Sie mich dann schon noch kennenlernen!«

Obwohl ich jetzt schmunzeln muss, entfährt es mir spontan: »Ja klar, du mich auch!«

Später erfahre ich, dass sich dieser Alim im Laufe seiner Primarschulzeit den Ruf eines berüchtigten Lehrerinnen-Schrecks erarbeitet hat.

In den drei intensiven Oberstufenschuljahren, die wir in der Folge zusammen verbringen, lernen wir uns gegenseitig tatsächlich noch kennen.

Es gibt da einige Reibungsflächen. Alim's Benehmen ist nicht überall kompatibel mit meinen Erwartungen. Dennoch kommen wir eigentlich ganz gut miteinander aus, vor allem, nachdem es Alim gelingt, einige seiner Verhaltensweisen an sozial- und schulverträgliche Standards anzupassen.

Gelungene Überraschung

Während zehn Jahren wohnte ich in einer Dachwohnung auf einem Bauernhof, etwas ausserhalb des Dorfes. Deshalb war ich sehr erstaunt, als ich da einmal unverhofft Besuch von der ganzen Klasse erhielt.

»Herr Kohler! Herr Kohler!«

»Aufstehen!« »Rauskommen!«

»Herr Kohler!«

Nur langsam dringen die Rufe und das Tröten von draussen in mein tief schlafendes Bewusstsein. Ich erwache.

»Herr Kohler! Herr Kohler!«

Der Lärm unter dem Schlafzimmer ist kein Traum.

Es ist halb fünf Uhr. Und es ist Fasnacht.

Langsam dämmert mir, dass meiner Klasse gerade eine dicke Überraschungsaktion gelungen ist.

Aber da möchte ich auch noch ein bisschen mitspielen!

Ich ziehe die am Vorabend bereitgelegte Mönchskutte über, welche ich dieses Jahr als Fasnachts-Verkleidung vorgesehen habe. Dann schlüpfe ich durch eine Nebentür aus dem Haus und mische mich in der Dunkelheit unerkannt unter die muntere Schar der in ihren Fasnachts-Monturen herumschreienden Schüler.

»Herr Kohler! Aufstehen! Rauskommen!« rufe ich im Chor mit den anderen zum Schlafzimmerfenster hinauf, wo meine Frau inzwischen auch erwacht ist.

Erst beim dritten oder vierten Mal realisieren die am nächsten Stehenden, dass meine Stimme nicht so ganz zu den ihrigen passt!

»Da ist er ja!!!«

»Der Mönch hier ist Herr Kohler!«

»Der ist ja gar nicht mehr im Haus!«

Lachend gehen wir alle ins Wohnzimmer und geniessen dort gemeinsam das Frühstück, welches die lieben Schüler vom Dorf mitgebracht haben: Brötchen, Orangensaft, Butter, Konfitüre und anderen Köstlichkeiten.

Eine solche Klasse wünscht man sich doch!

Schulabschluss

Zu den gängigen Argumenten, um den Jugendlichen die Attraktivität des Rauchens zu vermiesen, gehörte auch der Kostenfaktor: Was da alles eingespart werden könnte, wenn das Geld nicht fürs Rauchen drauf ginge! Bei Diana hatte ich damit allerdings keinen Volltreffer gelandet.

Hin und her wird diskutiert, wie die Klasse den allerletzten Schulvormittag zelebrieren könnte. Ideen werden vorgebracht und gleich wieder von den anderen zerzaust. Es scheint keine flächendeckend akzeptierte Lösung zu geben.

Schliesslich sagt Diana: »Wir könnten bei mir zu Hause frühstücken und baden im Pool.«

»Super! Eine ganze Klasse in Eurem Pool!«, motzen einige. »Wie soll das gehen? Wie gross ist denn der?«

Diana überlegt einen Moment und sagt dann: »Ich weiss es nicht genau, aber für die Klasse sollte er reichen.«

Endlich ein Vorschlag, mit dem sich alle arrangieren können! Wir brauchen nur noch das Frühstück zu organisieren.

Am besagten Morgen finden wir uns mit den Früh-stücks-Zutaten, plus Badesachen vor Dianas Haus ein. »Haus« ist allerdings massiv untertrieben. Schon das wenige, was man von aussen sieht, lässt ahnen, dass da hinter den Hecken eine noble Villa steht.

Diana empfängt die ganze Klasse und führt uns in den Garten. Dort stehen Bänke und Tische bereit für das Frühstück.

»Zuerst baden!« schreien einige. »Wo ist denn der Pool?«

Diana lacht, geht zur Hausmauer und öffnet dort eine Armaturentafel. Sie drückt auf einen Knopf, ein leises Summen – und dann löst sich plötzlich ein grosses Stück Rasen und wird von sechs Hydraulik-Säulen an-gehoben, mitsamt dem darauf stehenden Tischtennis-Tisch. Darunter kommt ein stattlicher Pool zum Vor-schein. Allemal ausreichend für zwei ganze Klassen! Uns bleiben die Münder offen.

Diana lächelt derweil, zeigt auf verschiedene Knöpfe ihrer Armaturentafel und fragt: »Wie wollt' ihr's denn: Mit Whirls? Wellen? Musik? Unterwasser-Beleuchtung?«

Der Vormittag ist gelaufen.

Nach dem Baden können wir duschen – verteilt auf die verschiedenen Nasszellen des Hauses. Auch hier alles Hightech vom Feinsten: Die Duschen lassen sich programmieren nach Temperatur, Strahlstärke- und Richtung mit Farben und Hintergrundmusik.

In fast allen Räumen, die wir sehen, hängen riesige Flachbildschirme an den Wänden. Dann zeigt uns Diana ein weiteres Highlight: In einer separaten Garage steht ein wunderschönes Bentley-Cabrio – auf einem Teppich natürlich.

Aber Diana hat noch eine weitere Überraschung in petto: »Auf nächstes Jahr werden meine Eltern ein grösseres Haus etwas weiter oben an der Strasse beziehen. Dann werden mein jüngerer Bruder und ich wohl hier alleine wohnen.«

Allmählich dämmert mir, wie total lächerlich meine Bemerkung gewesen sein muss, als ich Diana vor einigen Wochen einmal die Kosten für ihren Zigaretten-Konsum vorgerechnet habe: »Stell dir vor, Diana«, habe ich gesagt, »wenn du aufhörst zu rauchen, könntest du pro Monat volle 150 Franken sparen!!!«

Es ist der jungen Frau hoch anzurechnen, dass sie mir damals nur freundlich zugestimmt und mich nicht geradewegs ausgelacht hat ...

Reingelegt!

Das persönliche Verhältnis zur überwiegenden Mehrheit meiner Schülerinnen und Schüler empfand ich als sehr angenehm. Manchmal schon fast herzlich. Besonders schön war es jeweils, wenn da bisweilen auch kleine Neckereien mit ins Spiel kamen.

Für einen Rodel-Ausflug möchte ich für meine Frau gerne zu unserem eigenen, noch einen zusätzlichen Holz-Schlitten ausleihen. Ich frage in der Klasse nach, ob mir jemand für das Wochenende einen Schlitten zur Verfügung stellen könnte. Spontan heben sich diverse Hände.

Am Nachmittag bringt mir Laura ihren Holz-Schlitten zur Schule.

»Er ist noch fast neu!«, versichert die Fünfzehnjährige stolz.

Auf der Nacht-Schlittelbahn fahre ich mit Laura's Schlitten, während meine Frau unseren eigenen benutzt. Es hat viele Leute. Die Bahn ist stark vereist, stellenweise pickelhart. Das Steuern ist nicht einfach. Immer wieder fahren wir an Leuten vorbei, die offenbar aus der Bahn geflogen sind und sich jetzt mit ihren Sachen zusammenrappeln. An der Talstation hat ein Sanitäter alle Hände voll zu tun.

Trotzdem macht es Spass. Wir fahren mehrmals mit der Standseilbahn hoch und rodeln wieder runter. Kurz vor Betriebsschluss sehe ich in der allerletzten Kurve neben der Bahn die Überreste eines Schlittens. Den hat es übel erwischt. Ein Haufen zersplittertes Holz und zwei arg verbogene Kufen. Totalschaden!

Das Modell könnte einmal dasselbe gewesen sein, wie das von Laura ausgeliehene.

... Die Versuchung ist zu gross: Ich nehme den Haufen Schrott mit nach Hause.

Am nächsten Schultag übergebe ich ihn der ahnungslosen Schülerin.

»Laura, es ist mir furchtbar peinlich.«

Aus grossen Augen starrt das Mädchen die Trümmer an, dann mich und schliesslich wieder die Trümmer.

Mit Kummermiene fahre ich fort:

»Es tut mir so leid. Aber es war halt sehr eisig.«

Sie schluckt.

Ich überreiche ihr eine Tafel Billig-Schokolade und sage:

»Schau mal, ich habe dir dafür was als Entschädigung mitgebracht!«

Höflich nimmt Laura die Schokolade entgegen, bedankt sich sogar dafür und geht geknickt an ihren Platz.

Minuten später folgt dann das grosse Hallo: Ich hole den richtigen, noch unversehrten Schlitten hinter meinem Pult hervor und übergebe ihn – zusammen mit einem schönen Kuchen als Leihgebühr – der überraschten Laura.

Der strahlenden Erleichterung auf ihrem Gesicht folgt schon bald eine verschmitzte Drohung: »Warten Sie nur! Das gibt Rache!«

Auf diese Rache warte ich lange. Als Laura aus der Schule kommt, ist die Sache für mich abgehakt. Für Laura wohl auch.

Dann aber führt uns der Zufall nach vielen Jahren unverhofft wieder zusammen: Mein Hausarzt weist mich wegen einem kleinen Problem am Fuss an einen Spezialisten weiter. Dort angekommen, lässt mich die Empfangsdame das Anmeldeformular ausfüllen und heisst mich dann, im Wartezimmer Platz zu nehmen.

Ich bin allein.

Nach ein paar Minuten erscheint eine Praxis-Assistentin und sagt lächelnd:

»Herr Kohler! Dann wollen wir mal! Zuerst gibt's eine kleine Spritze!«

Sie hebt ein Tuch von einem Tablett. Darunter liegt die grösste Spritze, die ich je gesehen habe! Ich bin entsetzt. Mit sowas habe ich nicht gerechnet. Das haut mich fast um.

Dann sehe ich das Zucken im Gesicht der Assistentin.

»Herr Kohler! Kennen Sie mich nicht mehr? Ich bin's, die Laura!«

Auch wenn sie diesen Spass nicht unbedingt auf die Schlitten-Aktion bezogen hat: Der hat gesessen!

SMS-Verkehr

Auch etliche Jahre nach dem Ausstieg aus dem analogen Zeitalter, erschreckten mich immer wieder die Defizite, welche die Schüler im Umgang mit den digitalen Basis-Kommunikationsmitteln aufwiesen.

Klar, wenn es um SMS, Chats, Spielplattformen, Video-Streaming, und Social Media ging, musste man ihnen nichts vormachen!

Und darüber, dass sie ihre eigene Telefonnummer nicht auswendig wussten, konnte man ja vielleicht noch hinwegsehen.

Aber, dass ganze Klassen es selbst auf der zweiten Oberstufe nicht schafften, zwei einfache Sätze mit korrekter Orthographie und Interpunktion hinzuschreiben und als E-Mail zu senden, gab mir doch zu denken.

Das versuchte ich zu beheben, indem mir die Schüler immer wieder kurze Mitteilungen, Briefe und Bilder als E-Mail-Anhang übermitteln mussten. Die schickte ich jeweils so oft wieder mit Vermerken zur Korrektur zurück, bis auch jeder Leerschlag, Zeilenabstand und das letzte Komma an der richtigen Stelle sass. Manchmal wurde das eine richtig zähe Sache.

Mirsad ist ein sehr höflicher und unproblematischer Schüler. Allerdings pflegt er einen relativ nachlässigen Umgang mit seinen Hausaufgaben-Pflichten. Als ich wieder einmal übermässig lange auf seine am Computer erstellte Arbeit warten muss, vereinbare ich mit ihm ein Ultimatum. Falls ich die Sache nicht bis am Abend per Mail bekomme, muss er am nächsten Morgen eine halbe Stunde vor dem regulären Unterrichtsbeginn antanzen und seine ausstehende Arbeit im Klassenzimmer erledigen.

Am späten Nachmittag entwickelt sich folgender SMS-Dialog:

Mirsad: Wann muss ich morgen kommen?
Ich: 7 Uhr. Ausser, du schickst mir das vollständig
               korrigierte Dokument jetzt gleich noch.

Keine Reaktion. Weder am Handy noch in der Mailbox. Drei Stunden später – es ist mittlerweile Nacht – die Fortsetzung:

Ich: Habe noch nichts bekommen. Sehe dich also
               morgen um 7 Uhr!
               Gruss, Ko

Augenblicklich erfolgt die Antwort:

Mirsad: Ich habe alles gemacht aber den USB-Stick in der Schule vergessen.

Ich: Okay! Dann können wir das morgen um 7 Uhr erledigen.

Mirsad: Kann ich das nicht um 7:30 Uhr machen?

Ich: Nein.

Mirsad: Dauert nur zwei Minuten.

Ich: Nein.

Mirsad: Bitte!

Ich: Du weisst: Das schaffst du niemals in zwei Minuten. Und die Unterrichtszeit ist nicht dazu da, Hausaufgaben zu erledigen!

Mirsad: Nur aufstarten, ausdrucken und schon haben Sie das! Geht ganz schnell.

Ich: Nein.

Mirsad: Warum nicht?

Ich: Da gibt es bestimmt noch was zu korrigieren. Machen wir um 7 Uhr! Bis dann!

Mirsad: okay

Am nächsten Morgen kommt Mirsad pünktlich um 7 Uhr ins Klassenzimmer. Nur so aus Neugierde stoppe ich die Zeit:

Er startet den Computer auf, wühlt sich durch seine Chaos-Tasche, findet endlich den USB-Stick, sucht darauf lange nach der Datei, macht dort etliche, offensichtlich noch nicht erledigte Anpassungen und druckt das Dokument dann aus. Bis dahin vergehen fast zwanzig Minuten.

Erwartungsgemäss sind jetzt halt immer noch diverse Korrekturen vorzunehmen.

Als der Unterricht beginnt, ist die Sache noch nicht komplett. Mirsad muss am Abend nacharbeiten. Erst als aus den »zwei Minuten« schliesslich fast vierzig geworden sind, können wir die Aufgabe als »erledigt« abhaken.

Exkursionen und Lager

Camping

In meiner eigenen Schülerkarriere – und später auch als Lehrer – habe ich oft Mist gemacht, den ich damals für originell hielt. Als Lehrperson kam ich dann manchmal in den Zwiespalt, dass ich den Unfug meiner Kinder eigentlich noch ganz witzig fand, aber auf Grund meines Amtes als Erziehungsperson darauf erbost reagieren musste.

Unmittelbar vor der Abreise meldet sich die Begleitperson krank. Ausgerechnet jetzt, wo allerbeste Wetterprognosen endlich auf eine gelungene Klassenreise hoffen lassen! Und dies erst noch, nachdem der Ausflug schon zweimal wegen Schlechtwetters hat verschoben werden müssen.

Ich kann den Schülern nicht schon wieder eine Absage zumuten. Schon gar nicht jetzt. Also verzichte ich halt auf eine weitere Begleitperson. Meine Klasse gilt zwar nicht gerade als Ansammlung von Musterschülern, aber irgendwie würde das schon gehen.

So ist es denn auch. Wenigstens am ersten Tag. Wir fahren ins Tessin. – Bahnfahrt, Kurz-Wanderung, Besichtigung – das übliche Programm. Die Übernachtung ist auf dem Campingplatz von Tenero vorgesehen. Nach dem Nachtessen im Grotto und dem geselligen Beisammensein am Lagerfeuer bin ich todmüde.

Viel müder als alle Schüler. Während ich binnen Sekunden in meinem Schlafsack in einen seligen Tiefschlaf falle, beginnt die eigentliche Party für die Klasse erst richtig. Ohne, dass ich das Geringste davon mitbekommen hätte...

Als ich am Morgen gut ausgeschlafen erwache, steht da bereits der Verwalter des Campings vor meinem Zelt. Mit furchtbar ernstem Gesichtsausdruck. Irgendwie verspüre ich ein ungutes Gefühl. Zu Recht!

Empört zeigt mir der Mann die Resultate des nächtlichen Wirkens meiner Schüler. Die haben sich in der Tat erstaunlich produktiv gezeigt.

Zuerst einmal besichtigen wir zwei Wohnwagen am Rande des Geländes. Sie sind von meinen Jungs buchstäblich verbarrikadiert worden. Mit Blumenkisten, die sie vom ganzen Terrain gesammelt haben. So gründlich verbarrikadiert, dass die nach aussen gehenden Türen sich nicht öffnen lassen, bis die Barrikade davor abgebaut ist. Sind die Wagen bewohnt? Und die Besitzer noch drinnen? Irgendwie witzig. – Wenn es mich nichts angegangen wäre.

Dann zeigt mir der Mann weitere Landschäden. Eine zerschlagene Fensterscheibe hier, ausgetopfte Pflanzen dort, fehlende Heringe an Hauszelten und noch andere Bagatellen. Kaum der Rede wert. – Wenn es mich nichts angegangen wäre.

Aber das Glanzstück folgt erst noch. Dieses haben die Teufel im WC geleistet: Sämtliche Toilettenschüsseln sind mit Sand aufgefüllt! Randvoll. Unfassbar! Die Jungs müssen in ihrer Nachtschicht geschuftet haben wie die Blöden.

Wo haben wohl die Camping-Gäste heute Morgen bloss ihre Notdurft erledigt?

Der Besitzer will sich kaum mehr beruhigen. Verständlicherweise! Statt des Ausflugs auf die Brissago-Inseln steht nun am Vormittag das grosse Aufräumen an. Mit Schaufeln, Sandkesseln, Besen, Wasserschlauch, Putzlappen und allem was so dazu gehört.

Anschliessend reisen wir unverzüglich nach Hause. Bei schönstem Wetter. Wenigstens sind jetzt endlich auch die Schüler müde...

Wochen später will mein fast gleichnamiger Kollege mit seiner Klasse auf demselben Camping übernachten. Sobald er am Telefon jedoch Schulort und seinen Namen nennt, bekommt er zur Auskunft: »Oh, wir sind ausgebucht, tut uns leid. Auf Wiederhören! ...«

Alkohol auf der Klassenreise

Wenn sich ein Schüler gesundheitlich schlecht fühlt, geht das natürlich auch dem Lehrer nahe. Meistens wenigstens. Einmal in einer solchen Situation hielten sich mein Mitgefühl und Fürsorge-Bedürfnis jedoch in engen Grenzen.

Die Klassenreise führt in den Europa-Park nach Rust. Dank dem Geld vom Pausenkiosk haben wir für die Reise einen Car für uns allein. Während der mehrstündigen Hinfahrt sind die Schüler natürlich ganz aufgekratzt. Schreien und Lachen klingt durch den Bus – das Übliche halt.

Kurz vor der Ankunft in Rust fällt mir jedoch auf, dass in der hintersten Sitzreihe was nicht stimmt. Ich schaue nach. Karim liegt totenbleich im Polster. Sternhagelvoll. Dafür ist die Wodka-Flasche leer, die aus seiner Tasche guckt. Zum Glück kotzt er erst nach dem Aussteigen auf dem Parkplatz!

Ein kurzer Check zeigt, dass er der einzige Betrunkene ist. Alle anderen scheinen okay zu sein.

Der Tag ist schnell organisiert: Während wir anderen die Attraktionen im Park geniessen, muss abwechslungsweise immer einer von Karim's Kumpanen bei ihm Wache schieben, während er auf einer Bank liegt und ausnüchtert. Dies dauert den ganzen Tag über an.

Erst am Abend, als wir den Park verlassen, ist der Junge wieder soweit hergestellt, dass er seine Umwelt wahrnimmt und seine Sünde bereut. Karim ist nämlich Moslem.

Würstchen-Rekord

Wie viele Würstchen verträgt ein Mensch in einem Gang? Bevor es die Internet-Challenges gab, wurden solche Fragen jeweils im Direktversuch geklärt. Mit unterschiedlichen Folgen für die Protagonisten.

Zum Nachtessen gibt es Würstchen und Kartoffelsalat. Nicht jedermanns Leibspeise. Umso mehr fällt ab für jene, welche keine Vorurteile gegenüber den Würstchen hegen. Edgar gehört dazu. Ein schlaksiger Schüler, der bis anhin nicht durch speziell vernunftorientiertes Verhalten aufgefallen ist.

Vier, oder fünf seiner Tischnachbarn treten ihm eines oder beide ihrer Würstchen ab. Bald geniesst er die Aufmerksamkeit des ganzen Speisesaales. Wie viele Würstchen würde er schaffen?

Auch an den andern Tischen werden die fetttriefen-

den, schlabbrigen Dinger organisiert und Edgar zuge-
halten. Als keines mehr aufzutreiben ist, hat er 17 Stück
vertilgt. Die allgemeine Bewunderung ist ihm sicher.
Das bringt den Jungen aber erst richtig in Fahrt. Lauthals verkündet er, dass er noch Hunger hätte und sogleich noch einen Dessert-Rekord anhängen könnte.

Es gibt Caramell-Köpfchen. Zehn Schüler und Schülerinnen verzichten auf ihr Dessert, um einen Beitrag an
das Spektakel zu leisten.

Edgar schafft alle, ohne erkennbaren Widerwillen.
Dann legt er sich hin.

Eine halbe Stunde später wird die Kartenspiel-Runde
im Lagerleiter-Raum jäh unterbrochen. Atemlos berichtet ein Schüler:

»Edgar geht es schlecht! Er will sterben!«

Besorgt eilen wir in den Schlafraum. Käsebleich liegt
da unser Schutzbefohlener auf seinem Bett, stöhnt und
ist kaum mehr ansprechbar. Zum Glück haben wir ein
Privatauto dabei! Ohne zu zögern, laden wir ihn ein und
fahren zum telefonisch vorinformierten Dorfarzt. Der
untersucht den Jungen nur kurz und weist uns an, ihn
sofort ins Spital nach Visp zu bringen.

Unter Missachtung gängiger Verkehrsregeln rase ich
mit dem stöhnenden Edgar im Fond, ins Tal hinunter.
Wisi, auf dem Beifahrersitz, versucht derweil den Pa-
tienten bei Bewusstsein und Laune zu halten.

Im Spital stellt man einen akut entzündeten Blind-
darm fest. Edgar muss operiert werden. Drei Tage nach
dem Lagerende kann er von seiner Mutter nach Hause
geholt werden.

Heisse Typen

Wenn ein Jugendlicher etwas besser weiss als die Erwachsenen, steht ein Bekehrungsversuch meist auf verlorenem Posten. Die Erfahrung der Alten zählt da nichts. Eigene Erfahrungen sind viel zielführender.

Ein Ausflug zur Längfluh steht auf dem Programm. Die Seilbahnstation liegt auf 2800 m Höhe, direkt am Gletscherrand. Natürlich ermahne ich die Klasse, warme Kleidung mitzunehmen, es dürfte wesentlich kühler werden dort oben, als im Lagerort.

In der Seilbahn bin ich schon etwas erstaunt, Ilja und Semir als einzige im blossen T-Shirt zu sehen. Denn gerade die beiden finden Kapuzenpullovers so cool, dass sie diese selbst in der warmen Jahreszeit noch tragen, wenn alle anderen schon längst im T-Shirt rumlaufen.

Angekommen auf der Bergstation, werden wir sogleich vom kalten Gletscherwind empfangen. Alle packen ihre Jacken aus dem Rucksack. Nicht so Ilja und Semir.

»Habt Ihr nicht kalt?«, will ich wissen.

»Nein. Sicher nicht!«, antworten beide gleichzeitig.

»Aber ihr habt schon noch was Wärmeres zum Anziehen dabei?«, erkundige ich mich.

»Nö, nicht nötig!«

»Wirklich nicht? Ich hätte zu kalt in Eurem Aufzug!«, hake ich nach.

»Schon gut. Kein Problem!«

Schulterzuckend wende ich mich ab. Die Jungs sind alt genug.

Die Gondelbahn stellt ihren Betrieb über Mittag ein. Das Restaurant ist wegen Sanierungsarbeiten geschlossen. Wir verteilen uns im Gelände rund um die Bergstation, betreten den Gletscher, machen Fotos, knabbern einen Snack. Die Kinder suchen sich in Gruppen einen schönen Platz für die Mittagspause.

Nach einer Stunde besammle ich die Klasse. Wir wollen die erste Gondel nehmen für die Talfahrt.

Ilja und Semir fehlen.

Mist!

»Die haben sich doch irgendwo versteckt, zum Rauchen!« mutmasst einer.

Wir suchen alles ab. Vergeblich.

»Hat jemand auf der Toilette nachgeschaut?« Kopfschütteln.

Ich gehe zur Herrentoilette. Das Bild, das sich mir da bietet, ist gleichzeitig erschütternd, wie auch erheiternd: Wie zwei Kätzchen drängeln und kuscheln sich die beiden frierenden Jungs unter den warmen Luftstrom, des auf Volltouren laufenden elektrischen Handtrockners! Sie haben alle verfügbaren Textilien auf dem Leibe, zittern aber dennoch wie Schlosshunde!

Verzweifelt blicken sie mich an. Semir fragt:

»Fahren wir jetzt endlich ins Tal? Es ist wirklich kalt hier oben!«

Zweit-Handy

Um die Pflege der nicht-virtuellen Sozialkontakte zu begünstigen, zogen wir Lagerleiter jeweils am Abend die Handys ein. Manchmal versuchten besonders findige Schüler, welchen dieses Prozedere bereits bekannt war, die aufgezwungene Abstinenz mit Zweit-Handys zu überbrücken.

»Muss das sein?«

»Können Sie nicht mal eine Ausnahme machen?«

»Ich halt's nicht aus, ohne mein Handy!«

»Wie soll ich denn schlafen, ohne Handy nebenbei?«

Nur sehr widerwillig deponieren die Kinder am ersten Lagerabend ihre Handys auf dem dafür vorgesehenen Tablett im Aufenthaltsraum und verziehen sich in die Zimmer.

Dann beginne ich mit der Kontroll-Prozedur: Eine nach der anderen, wähle ich die Handy-Nummern der Lagerteilnehmer. Der Reihe nach klingeln die Handys vor mir auf dem Tablett. Nur jenes von Carlo nicht.

Ich checke das Gerät. Es ist eingeschaltet.

Dann die Nummer auf meiner Liste. Sie stimmt mit der angerufenen Kombination überein.

Auch ein neuer Versuch löst kein Anrufsignal aus.

Ich gehe zu Carlos Zimmer. Der müsste eigentlich aufgrund meiner beiden Anrufe auf sein zurückgehaltenes Handy bemerkt haben, dass er ertappt ist.

»Carlo! Nun bitte auch noch dein zweites Handy!«

»Ich habe kein zweites Handy! Vielleicht steht eine falsche Nummer auf der Liste?«

»Dann gib mir die richtige!«

Carlo sieht ein, dass er mit seiner fadenscheinigen Lüge nicht weit kommt.

Kleinlaut rückt er das Handy aus seiner Hosentasche. Ein Kontrollanruf bestätigt: Darin steckt die SIM-Karte, welche ich schon vorhin angerufen habe.

Aus einem unbestimmten Gefühl heraus hake ich nach:

»Und das dritte Handy? Gib mir das doch auch noch gleich!«

Überrascht schaut mich Carlo an. »Ich habe doch kein drittes Handy!«

»Na komm schon!«

»Was glauben Sie denn? Ich hätte d r e i Handys mitgebracht?«

»Ja. Mindestens.«

Carlo lacht.

Er wirkt schon fast unschuldig.

In diesem Moment summt ein Anrufton. Er kommt aus Carlos Nachttisch. Das dritte Handy! Mit der dritten SIM-Karte.

Der Kumpel, welcher Carlo sprechen will, kann ja nicht wissen, dass er einen extrem ungünstigen Zeitpunkt für den Anruf gewählt hat.

Die Situation ist zu komisch, dass man da nicht lachen müsste!

Trotzdem setzt es für Carlo natürlich Sanktionen ab. Man will ja glaubwürdig bleiben.

Im Laufe des Lagers tauchen keine weiteren Handys mehr auf.

Die drei eingezogenen Geräte von Carlo werden erst in der Woche nach dem Lager der Mutter des Delinquenten ausgehändigt. Sie muss sie auf dem Rektorat abholen.

Promi-Lager

Wenn die Lehrer sich nicht immer an geltende Konventionen und Regeln halten, ist es bisweilen schwierig, den Schülern klare Grenzen bezüglich Ehrlichkeit, Gehorsam und Disziplin zu setzen und dann noch zu erwarten, dass diese auch eingehalten werden. So auch in einem Skilager.

»Wenn Sie vom Gruppentarif profitieren wollen, müssen Sie von jedem Schüler ein Passbild auf die Tageskarte kleben und diese so in die Schutzhülle stecken! Das haben wir Ihnen doch schon am Telefon gesagt.«

Entgeistert starren wir den Mann am Skilift-Schalter an.

Natürlich hat er das vor einer Woche am Telefon gesagt. Aber wir haben völlig vergessen, das den Schülern mitzuteilen! Da hat natürlich niemand ein Passbild dabei. Wir, die Leiter, auch nicht. Und in dieser vor-digitalen Zeit ist es auch unmöglich, so schnell eines herzustellen.

Wisi weiss Rat: »In den Promi-Postillen hat es doch massenhaft Portraits! Wir könnten ja solche ausschneiden und auf die Tageskarten kleben.«

Gesagt, getan. Am Kiosk kaufen wir ein paar Hefte, nehmen sie ins Lagerhaus und heissen die Schüler, sich irgendein »passendes« Bildchen auszuschneiden und dieses dann auf die Tageskarte zu kleben.

Das wird ein Spass! Die Jungs suchen hauptsächlich Sportgrössen aus, während sich die Mädchen für schöne Gesichter aus dem Show-Business entscheiden. Auf meine eigene Tageskarte kommt das Portrait eines bekannten Radrennfahrers.

Weil die Bilder eh so klein sind, muss man schon genau hinsehen, um die Person darauf zu erkennen.

In der Folge nutzen wir eine Woche lang die Liftanlagen – jeder mit dem Konterfei eines anderen Promis auf der Tageskarte. Wie zu erwarten, brauchen wir keine genaueren Kontrollen zu fürchten.

Dafür ergeben sich aus dieser Situation immer wieder Gelegenheiten für allerlei Spässe.

Klar, diese kleine Unehrlichkeit nehmen uns die Schüler nicht übel. Aber einige nehmen sie zum Anlass, ihrerseits die Grenzen der geltenden Regeln etwas auszuloten.

»Kommen Sie schon! Wir sind doch im Lager! Seien Sie nicht so streng! Sie haben doch auch ...« bekommen wir immer mal wieder zu hören.

Wir sind gezwungen, die Disziplin mit handfesten Massnahmen durchzusetzen. Vor allem auch bei der Nachtruhe.

Einmal stellen wir bei einer nächtlichen Kontrolle vor der Tür zum Knaben-Massenlager fest, dass der Lärmpegel da drinnen über der Toleranzgrenze liegt. Unverhofft öffnen wir die Tür, klicken das Licht an und erwischen dabei gerade einen Jungen, der zum Fenster rausklettern will.

Wie es sich gehört, poltern wir etwas rum, lassen noch ein paar Drohungen fallen und nehmen den Jungen dann mitsamt Matratze mit in die untergeschossige Küche, auf dass er die Nacht dort verbringen würde, ohne Ausbruchsversuche und ohne die anderen zu stören.

Mein Kollege und ich beglückwünschen uns gegenseitig zu dieser weisen Lösung und gehen wieder in den ersten Stock hinauf, um sicher zu gehen, dass im betreffenden Knabenzimmer ohne den Unruhestifter jetzt auch wirklich Ruhe herrscht.

Von aussen ist kaum etwas zu hören. In dem Moment aber, als wir die Türe öffnen, klettert gerade der Sünder aus der Küche am anderen Ende des Zimmers wieder zum Fenster herein ...

Naja, da können wir das Lachen natürlich auch nicht mehr zurückhalten.

Frühschlitteln

In fast allen meinen Lagern waren die Kinder am ersten Abend jeweils ziemlich aufgedreht. Die ganze Aufregung, die ungewohnte Umgebung und natürlich die Kameraden im selben Schlafraum, hielten sie relativ lange wach. Dafür schliefen sie dann gewöhnlich am nächsten Morgen entsprechend fest und lange.

Nicht so in einer Lagerunterkunft, welche direkt an ein Hotel angebaut ist. Wir Leiter staunen nicht schlecht, als schon kurz nach der Morgen-Dämmerung des zweiten Lagertages, draussen, neben der Unterkunft, lautes Gejohle zu hören ist. Selbst noch ziemlich müde, schauen wir nach. Was wir zu sehen bekommen, haut auch uns alte Lagerhasen aus den Socken:

Vier Jungs haben die Türe ihres Schlafraumes aus den Angeln gehoben, die Klinke demontiert und schlitteln nun auf dieser Holzunterlage den vereisten Hang neben dem Haus runter!

Die Idee entbehrt nicht einer gewissen Originalität. Und die Situation ist natürlich zum Lachen. Aber andererseits müssen wir, welche die Werte der Erwachsenenwelt repräsentieren, unsere Autorität wahren und dem lustigen Treiben Einhalt gebieten.

Es tut uns schon fast leid, die Jungs anschnauzen und ins Haus beordern zu müssen.

Später am Morgen, als alle anderen Lagerteilnehmer zum Skifahren gehen, tragen die Schlittler die durch die Aktion beschädigte Türe zum Dorfschreiner, um sie dort reparieren zu lassen – auf ihre eigenen Kosten natürlich.

Glastüre

Als Leiter hatten wir jeweils die Regeln für das Zusammenleben im Lageralltag und in der Unterkunft festzulegen und durchzusetzen. Innerhalb ihrer Domäne galten jedoch die jeweiligen Hausbesitzer als nächsthöhere Instanz. Wir, die erwachsenen Gäste, mussten uns deshalb auch an die Hausordnung halten, auch wenn wir deren Sinn nicht immer nachvollziehen konnten.

»Passt unbedingt auf die Speisesaal-Türe auf, wenn Ihr die Treppe runterkommt!« bläut die Eigentümerin der versammelten Schüler- und Leiterschar in der allerersten Minute ein, als wir das Lagerhaus beziehen.

Diese Türe hat es tatsächlich in sich: Kaum einen Meter vis à vis der Treppe, von welcher die Kinder fortan mehrmals täglich herunterstürmen werden, bildet sie den Eingang zum Speisesaal.

Das Heikle daran: Die Türe besteht zur Hauptsache aus einer grossen Glasscheibe, welche lediglich von einem handspannenbreiten Holzrahmen eingefasst ist.

Wir Lagerleiter blicken uns vielsagend an und sobald wir alleine im Leiterraum stehen, beginnen wir darüber zu spekulieren, wie lange es wohl gehen würde, bis die Türe kaputt ginge.

Wir wollen gerade Wetten abschliessen, als es da draussen bereits kracht und klirrt!

So schnell hat das bestimmt noch keine Lagergruppe geschafft!

Die Hausbesitzerin kriegt sich kaum mehr ein, selbst als wir ihr versichern, für den Schaden umgehend aufzukommen.

Die Sache hat durchaus auch etwas Praktisches: Nun kann man durch die grosse Öffnung im Holzrahmen direkt vom Treppenhaus in den Speisesaal treten, ohne die eigentlich überflüssige Türe öffnen und schliessen zu müssen.

Aus unerfindlichen Gründen ist die Frau jedoch genau damit gar nicht einverstanden. Sie besteht darauf, dass wir immer die Überreste der Türe mit der Klinke öffnen und aufschwenken, wenn wir da durchgehen wollen. Lachhaft!

Um diesen Punkt der Hausordnung durchzusetzen, bezieht sie jeweils zu den Stosszeiten Position auf dem Treppenabsatz, wo sie vorsorglich jeden ermahnt, der den Speisesaal zu betreten gedenkt.

Klar, dass dieser Streitpunkt bis zum Ende des Lagers unaufhörlich für Ärger und Spass sorgen wird!

Skiraum-Ordnung

Das Lagerhaus lag dieses Jahr etwas abseits der Talstation. Damit wir Skis und Snowboards nicht jedes Mal hin und hertragen mussten, hatten wir dort einen speziellen Lagerraum gemietet.

Im Laufe der ersten Lagertage liess der Ordnungssinn der Teilnehmer bald einmal sichtbar nach. Die Bretter wurden kreuz und quer am Boden liegen gelassen und teilweise schon gar nicht mehr in den Raum, sondern nur noch davor gestellt.

Dem wollten wir verantwortungsbewussten Lagerleiter einen Riegel schieben. Mit nachhaltigem Denkzettel.

So verstecken wir einige der nicht ordnungsgemäss deponierten Bretter in einem Nebenraum. Nach dem Nachtessen besammeln wir die Schüler und teilen ihnen tiefernst mit:

»Die Kantonspolizei hat angerufen! Bei der Talstation sind von einer Bande mehrere Skis und Snowboards gestohlen worden! Geschädigte könnten sich morgen früh auf dem Posten melden.«

Die Nachricht schlägt ein wie eine Bombe. Massenpanik bei den Schülern! Noch ehe wir uns versehen, hat sich schon eine Gruppe auf den Weg zur Talstation gemacht, um zu checken, ob ihre Sportgeräte noch vorhanden sind. Weitere folgen. Alle Standards bezüglich Ausgangsregelung gehen in der allgemeinen Hysterie unter. Wir verlieren die Kontrolle.

Statt einer gemütlichen Jassrunde frönen zu können, müssen wir Leiter nun hinaus in die nächtliche Kälte und den Schülern hinterherrennen. Die ersten haben beim Skiraum bereits ihre Verluste registriert und sind nun als Selbstjustiz-Kommandos im ganzen Dorf unterwegs, um die Boards zu suchen und allfällige Diebe zur Rechenschaft zu ziehen.

Jetzt sind wir Lagerleiter gefordert. Nach und nach stöbern wir die Milizen auf, geben ihnen strikte Weisung, sich sofort wieder ins Lagerhaus zu begeben und diese Parole an die anderen weiterzugeben. Was sie natürlich nur äusserst widerwillig tun, solange ihre Bretter noch nicht wieder aufgetaucht sind.

Es ist schon spätabends, als wir bei einer Zählung im Lagerhaus erleichtert feststellen können, dass alle unsere Schäflein wieder da sind. Noch herrscht aber riesige Aufregung wegen des vermeintlichen Diebstahls.

Wir ziehen alle Register, um die Gemüter wieder halbwegs zu beruhigen. An Nachtruhe, oder gar an Schlaf ist dennoch nicht zu denken. Wir sehen nur noch einen Ausweg aus der vertrackten Situation, indem wir den Schülern etwas vorschwindeln:

»Gerade haben wir nochmals einen Anruf von der Kantonspolizei bekommen: Die Sachen sind gefunden worden! Sie werden morgen früh beim Ski-Raum an der Talstation bereitstehen.«

Erst jetzt lässt sich die aufgeregte Masse dazu bewegen, die Schlafräume aufzusuchen.

Schon am nächsten Tag, als alle wieder mit ihren eigenen Geräten an den Füssen den Wintersport geniessen, tauchen die ersten Verdächtigungen und Unterstellungen auf. Selbst die Lagerleitung bleibt nicht davon verschont: Die ganze Aktion sei vielleicht sogar von den Leitern inszeniert worden, wird gemunkelt.

Unsere lendenlahmen Dementis dürften wohl nicht

so ganz überzeugend wirken. Trotzdem hat die Operation ihr Ziel erreicht. Bis zum letzten Tage herrscht nun eine ganz akzeptable Ordnung im Skiraum.

Kalt-Duscher

Die Schüler blieben weitgehend unbehelligt von unseren zwielichtigen und verantwortungslosen Aktivitäten. Doch einmal traf es dann halt doch noch einen.

Turi will es wissen. Wieviel liegt wohl drin beim Leiterteam? So richtig provokativ langsam trödelt der Fünfzehnjährige nach der vereinbarten Nachtruhezeit noch auf dem Gang herum. Als alle anderen schon in ihren Betten liegen, hat er sich noch nicht einmal umgezogen und macht seine Witzchen mit uns. Nicht bösartig. Aber eben doch mehr als wir pflichtbewussten Pädagogen tolerieren dürfen.

Wir gewähren ihm eine letzte Fristverlängerung. Auch die lässt er ungerührt verstreichen. Die Rolle als Provokateur behagt ihm sichtlich.

»Wenn du in fünf Minuten nicht im Bett liegst, stellen wir dich mitsamt den Kleidern unter die Dusche!« droht ihm einer von uns. Das ist wohl genau das Falsche. Das will Turi sehen! Natürlich ist er nach diesem Ultimatum erst recht kein bisschen weiter als zuvor. Nun müssen wir handeln.

Zu zweit packen wir den Jungen, während ein dritter von uns den Wasserhahn in der Dusche aufdreht. Turi wehrt sich – noch nicht sehr heftig. Unter dem Gejohle der anderen Schüler, welche nun natürlich allesamt aus den Zimmertüren auf den Gang spähen, schleppen wir den Widerspenstigen zur Dusche.

Jetzt erst beginnt er zu realisieren, dass wir wohl Ernst machen würden. Augenblicklich intensiviert er seine Gegenwehr. Doch es ist zu spät. Mit einem kräftigen Schubser stellen wir ihn in die Duschkabine und schieben hinter ihm die Türe zu.

Das wollen jetzt natürlich die andern auch miterleben. Alle Lagerteilnehmer stehen in und vor der Dusche, kreischen und grölen vor Lachen.

Nach ein paar Momenten geben wir die Türe frei. Pitschnass und offenbar geläutert, steigt Turi heraus. Ein Riesentumult! Ziemlich kleinlaut und mit triefenden Kleidern will sich der Geduschte in sein Zimmer verziehen.

Genau da kommt ihm aber der durch den Lärm neugierig gewordene Lagerhausbesitzer entgegen. Und rastet fast aus, als er die wandelnde Wasserlache sieht.

Zornig schreit er auf den Bedauernswerten ein. Als der sich rechtfertigen will und erklärt, die Leiter hätten ihn mitsamt den Kleidern in die Dusche gestellt, wird der Lagerhausbesitzer erst recht wütend, denn so etwas kann er natürlich nicht glauben. Welcher vernünftige, erwachsene Lagerleiter würde denn schon so etwas tun ...?

Wir vernünftigen, erwachsenen Lagerleiter haben uns in der Zwischenzeit in den Hintergrund des Trubels zurückgezogen und treten jetzt hervor. Geben uns überrascht.

»Turi? Mit den Kleidern geduscht? Geht's noch?«

»Das wird aufgewischt! Und zwar sofort!«

Natürlich ist nach dieser Operation an Nachtruhe nicht mehr zu denken. Mindestens in der nächsten halben Stunde. Dafür ist die Autorität des Leiterteams für den Rest des Lagers nicht mehr in Frage gestellt.

Meine grosse Stunde als Mediator

Mit einer gesunden Portion Sachlichkeit und Ruhe müsste doch eigentlich jedem Gruppenzwist beizukommen sein.

Dachte ich mal.

Irgendwie hatte ich aber damals den Faktor »weibliche Logik« nicht einkalkuliert.

Drama auf der Mädchenetage im Klassenlager! Eine Schülerin fühlt sich nicht wohl, weil ihr Bett quietscht. Der Versuch der Mädchen, das Problem gruppenintern zu lösen, scheitert. Diverse Varianten von Zimmertausch werden erwogen, aber keine davon erweist sich für alle als akzeptabel. Die Emotionen kochen hoch. Es kommt zum Eklat. Eine Mitschülerin, welche in den meisten Varianten als neue Nutzerin für das Quietschbett vorgesehen wäre, sieht sich ausgegrenzt. Und die ursprüngliche Nutzerin des Quietschbetts fühlt sich nicht verstanden und windet sich in einem Heulkrampf am Boden.

Nachdem es einem Lehrerkollegen gelungen ist, das hyperventilierende Mädchen wieder zu beruhigen, will ich das Problem als Mediator angehen. Mit Vernunft und meiner Abgeklärtheit muss das doch zu lösen sein!

Ich versammle alle betroffenen Mädchen zu einer »geführten Gesprächsrunde«.

In deren Verlauf kommen einige alte, mir völlig unbekannte Geschichten hervor. Bisher zurückgehaltene Ressentiments treten zu Tage und heizen die Stimmung an. Trotz meiner Interventionen wird die Diskussion zunehmend persönlicher. Ich bin bald einmal überfordert. Mit meinem Verständnis von Sachlichkeit ist dieser geballten Ladung an weiblicher Emotionalität nicht beizukommen. Die Kontrolle entgleitet mir.

Schliesslich endet das »klärende Gespräch« damit, dass nun vier weitere Mädchen heulen und die eigentliche Auslöserin des Dramas in Tränen aufgelöst aus dem Haus stürzt!

Stunden später wendet sich dann doch noch irgendwie alles zum Guten: Wir überzeugen die Hausvermieterin, uns ein zusätzliches Zimmer zur Verfügung zu stellen. Damit gelingt es den Mädchen, sich soweit zusammenzuraufen, dass die restlichen Lagertage in Frieden verbracht werden können.

Seit jenem Abend jedoch, bleibt mein Vertrauen in meine eigenen Fähigkeiten als Mediator nachhaltig angeknackst ...

Küchenteam-Ausfall

Unsere weiblichen Lagerbegleiterinnen hatten manchmal eine harte Zeit, wenn unsere Spässe und Aktionen zu ihren Lasten gingen. Aber nicht immer konnte man den Ausgang uns anlasten.

Das Pistenrestaurant von Evolène führt einen Renner, die explosive Mixtur des Wirtes: *Rince Gorge*, ein Gemisch aus Weisswein, Schnaps und ein bisschen Süssgetränk. Die beiden Seminaristinnen, welche wir als Küchenteam ins Lager mitgenommen haben, unterschätzen die Wirkung völlig. Nach zwei Gläsern sind sie in einem derart desolaten Zustand, dass wir sie gerade noch mit viel Mühe unfallfrei zur Talstation lotsen können.

Im Lagerhaus ist aber definitiv Schluss. Die beiden verziehen sich auf ihr Zimmer und sind für den Rest des Abends nicht mehr zu gebrauchen. Das heisst: Für die Zubereitung des Nachtessens müssen wir vier Herren ran.

Auf dem Menüplan stehen Piccata-Plätzchen. Wir gehen systematisch vor und verteilen uns auf vier jeweils mehrere Meter auseinanderliegenden Stationen in der Küche: Einer würzt die Plätzchen und wirft sie – eines nach dem anderen – schwungvoll quer durch die Küche zum nächsten, der sie auffängt und durch die Masse aus geschlagenen Eiern und Reibkäse zieht. Der schleudert dann die triefenden Dinger weiter zur nächsten Station. Dort werden sie elegant mit Mehl bestäubt und danach auf dem Luftweg zum Finish bei der Paniermehlschüssel befördert.

Das Prozedere geht effizient, aber nicht immer ganz pannenfrei über die Bühne. Und natürlich mit viel Hallo und Gelächter. Zum Glück bekommen die Schüler nichts mit!

Pünktlich zur Essenszeit steht das Menü bereit. Die Lagerteilnehmer geniessen das Nachtessen und haben sogar Lob dafür übrig. Weniger lustig findet es das Schülerteam, das danach die Küche reinigen muss – dies dauert für einmal überdurchschnittlich lange.

Die beiden tapferen Seminaristinnen zeigen sich erst wieder am nächsten Morgen beim Frühstück.

Zurechtweisung mit Steigwachs

Aus dem Leiterteam eines gleichzeitig im selben Gebiet anwesenden Lagers macht eine junge Frau durch ausfälliges Gehabe auf sich aufmerksam. Im Restaurant, am Lift und auf der Piste, überall nervt sie uns mit ihrem überlauten, selbstgefälligen Auftreten.

Als sie sich angewöhnt, auf der Piste jeweils besonders aggressiv und nahe an unseren Schülern vorbeizurasen, beschliessen Wisi und ich, ihr einen Denkzettel zu verpassen.

Im Langlaufshop kaufen wir eine Tube Steigwachs. Dann beobachten wir die Frau, als sie, wie vor jedem Mittag, bei der Terrasse des Pistenrestaurants ihre Skis deponiert. Während sie mit ihren Kumpels lauthals was zu trinken bestellt, holen wir ihre Bretter. In der Anwendungs-Anleitung zum Steigwachs wird pro Lauffläche je ein erbsengrosses Stück des Produktes empfohlen. Wir begeben uns aus dem Sichtbereich der Terrasse und verteilen den ganzen Inhalt der Tube auf die beiden Laufflächen. Sodann legen wir die Ski wieder zurück vor die Terrasse.

Nun können wir uns gemütlich an einen Tisch setzen und warten. Als die Leitergruppe mit der nervigen Göre aufbricht, beobachten wir amüsiert, wie unser Opfer flott in die Bindungen steigt und abstossen will.

Sie bleibt buchstäblich am Boden kleben. Vergeblich versucht sie, ihre Bretter voranzuschieben. Aber da geht nichts! Ulkig, wie sie sich vergeblich abmüht! Zuerst ist sie nur irritiert. Dann steigt sie fluchend aus der Bindung. Nimmt die Skis auf, um die Ursache für ihr Problem zu ergründen.

Wisi und ich müssen uns zurückhalten, um nicht laut herauszulachen. Vergnügt schauen wir zu, wie die Hexe dann ihre Skis schultert und wütend zum Sessellift hinüberstapft, um mit der Bahn zu Tale zu fahren. Ein voller Erfolg!

Dies soll jedoch noch nicht alles gewesen sein. Am Abend erfahren wir, dass der Frau während der Talfahrt die Skis vom Sessel runtergefallen und kaputt gegangen sind. Der Hauptleiter ihres Lagers kommt bei uns vorbei und äussert den Verdacht, dass jemand von uns für die Übeltat mit dem Steigwachs verantwortlich sein könnte. Wir versprechen ihm, bei unseren Schülern mal nachzufragen. Leider hat sich keiner von ihnen gemeldet ...

Weltmeister-Feier

Dieses Lager fand in Saas Almagell statt. Im Heimatdorf von Ski-Legende Pirmin Zurbriggen. Genau zu jener Zeit, als er die ersten beiden Weltmeister-Titel gewann. Das musste natürlich gefeiert werden. Und das wurde es auch. Das ganze Dorf stand Kopf.

Da hätte es dem Leiterteam ganz schön weh getan, wenn man nicht am allgemeinen Feiern hätte teilhaben können, nur weil doch jemand bei den Schülern im Lagerhaus bleiben sollte.

Ein alterfahrener Lagerleiter bringt die entscheidende Idee: Eigentlich könnte man ja die Lagerhaus-Besitzerin im weiteren Sinne auch als Mitglied des Leiterteams bezeichnen. Und somit wären die Schüler nicht allein, wenn wir noch ein bisschen feiern gehen. Wir haben zwar mit dem Hausdrachen nichts am Hut, aber für diesen Zweck würden wir ihr sogar die Proforma-Mitgliedschaft in unserem Leiter-Kreis gönnen.

Ohne sie darüber zu informieren, ziehen wir also los, sobald die Schüler in den Betten liegen. Wir touren durch die Kneipen, freuen uns an Pirmins Sieg und geniessen den Freudentaumel, in der Meinung, die Schüler wohlbehütet zu Hause zu haben. Bis wir irgendwo im Trubel den Drachen entdecken. Auch sie feiert mit!

Doch es ist zu spät. So spät, dass keiner von uns mehr genügend Durchblick und Verantwortungsbewusstsein hat, ins Haus zu den Schülern zurückzukehren. Wir machen weiter. Die ganze Nacht lang. Als wir kurz vor der Weckenszeit im Lagerhaus eintreffen, herrscht dort tiefer Frieden. Die Schüler haben tatsächlich die ganze

Nacht selig durchgeschlafen. Oder mindestens die letzten Stunden vor dem Wecken. Ohne Bewachung. Gott sei Dank!

32 Promille

Mein langjähriger Lehrerkollege und ich hatten ein einhellig definiertes Lagerziel. Die junge Kollegin, welche wieder einmal als Köchin mitkam, und die für ihren extrem soliden Lebenswandel berüchtigt war, sollte unter unserer kundigen Anleitung das erste Alkohol-Erlebnis erfahren dürfen. Falls nicht freiwillig, dann halt mit ein bisschen kollegialer Nachhilfe.

Dieses schon oft – aber bis anhin ohne Erfolg – versuchte Unterfangen, verlangte eine wohlgeplante Strategie.

Zuerst einmal händigen wir zwei als Küchenhilfen eingeteilten Schülern Lebensmittelfarbe aus. Auftragsgemäss wird diese während des Kochvorgangs in einem unbeobachteten Moment den Speisetöpfen zugefügt. Die himmelblauen Spaghettis und die giftgrüne Fleischsauce sorgen sodann für einen ordentlichen Tumult, sowohl in der Küche, wie auch im Speisesaal.

Wie erhofft, regt sich die Köchin furchtbar auf. Völlig ausgerastet will sie sich kaum mehr beruhigen. In diesem labilen Zustand kann sie dann tatsächlich zu »einem kleinen Gläschen« Kirsch überredet werden. Zur Beruhigung. Und zur «Versöhnung». Der erste Schritt ist getan.

Alles weitere ist kein Kunststück mehr. Dem ersten

Gläschen folgen weitere. Bald ist die Kirschflasche geleert, wobei die mit Alkohol völlig unerfahrene Köchin ihren fairen Anteil beiträgt. Ihr ursprünglicher Ärger verfliegt schnell. Bald einmal wird sie etwas flatterig, dann lustig und schliesslich apathisch. Und still. So still, dass wir sie auf eine Couch legen müssen.

Begeistert feiern Wisi und ich unseren Erfolg. Als wir eine Stunde später wieder nach dem Alkohol-Opfer schauen, liegt dort eine leichenblasse Figur, ohne jegliche Regung. Atmung und Puls kaum noch erkennbar.

Nun ist uns nicht mehr wohl. Alle Versuche, die Kollegin zu einer Reaktion zu bewegen, schlagen fehl.

Dann versuchen wir ihren ungefähren Blutalkoholgehalt zu ermitteln. Dazu schätzen wir das Körpergewicht, den entsprechenden Blutanteil und die konsumierte Menge Kirsch. Dies alles rechnen wir hoch mit dem Alkoholgehalt des Kirschs. Das Ergebnis unserer fachmännischen Kalkulationen: 32 Promille!

Irgendwo habe ich mal gelesen, dass die letale Grenze irgendwo im tiefen einstelligen Bereich liegt ...

Es ist halb drei Uhr nachts, als wir den Notfalldienst im Spital Visp anrufen:

»Hallo. Wir haben hier jemanden mit 32 Promille. Was sollen wir bloss tun?«

Die Frau am Telefon sagt, dass dieser Wert wohl kaum möglich wäre, dass wir die Trinkerin aber trotzdem sogleich zur Notfallaufnahme bringen sollten.

Froh, die Verantwortung abgeben zu können, verfrachten wir die nach wie vor völlig leblose Kollegin in mein Auto, weiterhin hoffend, die Schüler hätten allesamt einen tiefen Schlaf und würden unserer Aktivitäten nicht gewahr.

Selbst noch leicht angeschlagen vom Alkohol, fahren

wir auf der stark vereisten Bergstrasse hinunter ins Tal, nach Visp.

Zwei Krankenschwestern und ein Arzt nehmen uns in Empfang. In diesem Augenblick erwacht unsere Patientin aus ihrem Koma. Sie richtet sich auf, drückt einer der Schwestern ihren Zeigefinger in die Brust und ruft:

»Hey! Was ist denn das?«

Der Arzt muss lachen.

Dieses Lachen lässt Wisi und mich erstmals ein bisschen aufatmen. Offensichtlich ist's doch nicht ganz so schlimm bestellt um unser Opfer!

Eine Stunde später können wir sie wieder mitnehmen. Mit ärztlich attestierten 2,9 Promille Blutalkoholgehalt. Zu dessen Berechnung werde das Körpergewicht und nicht nur die Blutmenge herangezogen, werden wir belehrt.

Kurz vor dem Morgengrauen kommen wir wieder im Lagerhaus an. Die Alkoholikerin wird ins Bett gebracht. Für Wisi und mich reicht es nicht mehr zum Schlafen, denn wegen dem Ausfall unserer Köchin müssen wir nun selbst den Frühstücks-Küchendienst antreten.

Dafür halten wir uns am Mittag schadlos. Als sich nämlich die halbwegs Wiedergenesene zurückmeldet, machen Wisi und ich ihr weis, sie sei am Vorabend unter den Augen von allen Schülern von der Ambulanz abgeholt und aus dem Lagerhaus getragen worden. Zudem hätte sie während der Fahrt ins Spital andauernd dem Rettungssanitäter Weber das »Du« antragen wollen. Und den müsste sie nun noch anrufen, um den Namen ihrer Krankenkasse nachzumelden.

Widerwillig und mit rotem Kopf tut sie dies dann auch und stiftet damit anscheinend Verwirrung und Heiterkeit – letzteres nicht nur im Spital, sondern vor allem auch bei uns beiden.

Rache

Einmal musste es ja kommen: Die Kolleginnen, welche immer wieder als Opfer für unsere Spässe herhalten mussten, wollten Rache nehmen an Wisi und mir.

Nach all den manipulierten Skibindungen, den Schneeskulpturen in ihren Betten, den Eiern in den Skischuhen, dem Whisky in der Teeflasche, verfrühten Weckaktionen und vielen anderen Nettigkeiten, fanden sie es an der Zeit, auch uns beide mal leiden zu sehen.

Es beginnt damit, dass Wisi und ich – mit unseren Schülergruppen bei der Bergstation des Schlepplifts angelangt – ein starkes Bedürfnis verspüren, unsere Blasen zu leeren. Weil es dort keine Toilette gibt, schicken wir die Schüler voraus, heissen sie weiter unten zu warten und erledigen die Sache hinter zwei Bäumen.

Wir holen die Schüler ein, fahren mit ihnen zu Tal, hängen uns wieder an den Lift – und spüren ein schnell wachsendes Verlangen, uns nochmals zu erleichtern! Lachend wiederholen wir das Prozedere von vorhin.

Beim dritten Mal merken wir es. Wir haben, ohne es zu realisieren, eine stark harntreibende Substanz eingenommen. Offenbar beim Frühstück. Als Giftmischerinnen kommen nur die Frauen des Küchenteams in Frage!

Der ganze Vormittag läuft nun nach demselben Schema ab. Wir schaffen jeweils gerade knapp eine

Runde mit Skilift und Abfahrt, bis der Drang unerträglich wird. Nach jeder Bergfahrt eilen wir keuchend hinter die Bäume, lassen es minutenlang plätschern, versuchen jeden vorhandenen Tropfen aus uns herauszupressen und hoffen, es würde mindestens mal für zwei Fahrten reichen. – Vergebens! Spätestens das Schütteln und Ruckeln auf dem Lift intensiviert jeweils die Qualen wieder ins Unerträgliche.

Die Schüler scheinen sich daran zu gewöhnen, nach jeder Bergfahrt alleine zu einem Treffpunkt vorausgeschickt zu werden, sie nehmen das locker – es ist nicht anzunehmen, dass sie etwas von unserem Elend ahnen.

Es wird ein furchtbarer Vormittag. Wir leiden Höllenqualen. Hecken Vergeltungsmassnahmen aus. Schwören Rache.

Doch dann besinnen wir uns eines Besseren: Diesen Triumph mögen wir unseren Leidtäterinnen nicht gönnen! Wir würden so tun, als ob das Attentat fehlgeschlagen sei. Dies bedeutet, dass wir das übliche Programm abspulen werden: einen flotten Apéro, mit dem Küchenteam anstossen, trinken vor dem Mittagessen, nicht zu knapp trinken beim Mittagessen und mindestens einen Kaffee nach dem Mittagessen. Und nicht die Andeutung von einem Toilettengang!

Allein schon der Gedanke an ein Getränk multipliziert unsere Schmerzen im Unterleib! Aber da müssen wir jetzt durch!

Nochmals nötigen wir unsere Blasen hinter den inzwischen wohlbekannten Bäumen herzugeben, was da vorhanden ist. Dann holen wir tief Luft und treten an zur Marter.

Die drei Teufelinnen erwarten uns bereits. Betont fröhlich stossen wir mit ihnen an und geben uns alle Mühe, nichts anmerken zu lassen. Offensichtlich erfolgreich.

Immer drängender versuchen die drei in Erfahrung zu bringen, ob ihr hinterhältiger Anschlag Wirkung gezeigt hat. Mit zunehmend plumperen Fragen und Andeutungen bemühen sie sich, uns etwas zu entlocken, das ihre Neugier gestillt hätte. Vergebens.

Wir beide halten dicht. Trinken Wasser bis weit über die Schmerzgrenze hinaus. Spülen einen Kaffee hintendrein. Gehen erst am Ende der Mittagspause – mit fast zerplatzten Blasen – wie beiläufig zur Toilette, wo wir uns ächzend Erleichterung verschaffen.

Von da an lässt die Wirkung des Mittels spürbar nach. Es reicht für zwei, dann sogar für drei Runden Skifahren ohne zu pinkeln. Und spätestens am frühen Abend funktioniert unser Flüssigkeitshaushalt wieder normal.

Durch eine Indiskretion im Lehrerkollegium bestätigt sich dann, Wochen nach dem Lager, unsere Vermutung über die Umstände und die Urheberschaft des Attentats. Es ist Lasix gewesen, ein harntreibendes Medikament, welches uns auf der Piste fast in den Wahnsinn getrieben hat. Eine der drei Frauen aus dem Küchenteam hat durch ihre Tätigkeit im Pflegebereich Zugang dazu gehabt.

Wisi und ich werden uns natürlich hüten, den Täterinnen jemals ihren Erfolg zuzugestehen.

Die coolste Klassenreise je

Den folgenden Text habe ich für eine Ausgabe des Kanumagazins geschrieben. Es ist eigentlich keine einzelne Episode, aber die Geschichte gibt die Stimmung wieder, wie ich sie oft auf Klassenreisen erleben durfte.

Für einmal passt alles zusammen: Eine sehr kleine Klasse – ohne verhaltensoriginelle Schüler, drei abkömmliche Paddelkumpels und alle von der Schulbehörde vorgeschriebenen, wasser-relevanten Ausweise locker im Gültigkeitsbereich. Jetzt heisst es nur noch Überzeugungs-Arbeit zu leisten!

»Ihr habt die Wahl!«, offeriere ich grosszügig. »Welche Art von Klassenreise wollt ihr: a) Eine Bergwanderung? – Ist immer toll! Halt ein bisschen lang und anstrengend ...

Oder b), eine Fahrradtour? – Auch das macht Spass, könnte aber etwas fordernd und mühsam werden ...

Oder vielleicht c), eine Paddelfahrt auf der Reuss? – Voll easy, gemütlich und cool. – Na?«

Noch nie haben dreizehn pubertierende Jugendliche derart schnell einen flächendeckenden Konsens gefunden. Innert Sekundenbruchteilen habe ich die Klasse punktgenau dort, wo ich sie will.

Das war einfach.

Etwas schwieriger wird es bei einigen Eltern:
- »Ist das nicht gefährlich?«
- »In der Reuss ist doch mal jemand ertrunken!?«
- »Haben Sie so etwas schon gemacht?«

So die besorgten Nachfragen.

Ein paar Bilder der für die Fahrt vorgesehenen Boote verschaffen ein bisschen Beruhigung.

Aber vor allem die Versicherung, dass ihre Kinder wohl noch kaum je einen Ausflug unter derart rigoroser Dauer-Kontrolle gemacht haben: Auf der geplanten Fahrt würden sie nämlich zwangsläufig im Umkreis von weniger als zwei Metern um den Bootsführer herum sitzen oder knien. – Viel sicherer als eine Bergwanderung oder Fahrradtour!

Ein paar Tage später bei der Einbootstelle. Aufgeregt schnatternd trägt der bunte Trupp die Ausrüstung zum Fluss: Sechs zusammengerollte Schlauchcanadier, die dazugehörenden Pumpen, ein Kajak, einen Berg von Schwimmwesten, Paddel, Verbindungsstangen, Riemen, Wurfsäcke, Grillrost, Trockenbeutel, Ersatzkleider und Verpflegung. Eine wahre Materialschlacht.

»Wie schnell ist so ein Boot?« will Motorsportfan Carlo wissen.

Andere haben eher pragmatische Fragen: »Dürfen wir auch schwimmen gehen?«

Oder: »Was passiert, wenn wir kentern?«

Niemand aus der Klasse hat schon mal gepaddelt. Vorfreude und Spannung sind riesig.

Vorerst einmal müssen die Katarafts aufgebaut werden. Je zwei Schlauchcanadier werden nebeneinander ausgerollt, aufgepumpt und mit Stangen und Riemen zusammengebunden. Mit fachmännischem Blick versuchen die Jungs anhand des Designs abzuschätzen, welches Konstrukt auf dem Wasser wohl das schnellste sein würde.

Fast eine Stunde dauert es, bis alle mit Schwimmwesten ausgerüstet sind und die Flottille zur Abfahrt bereit liegt. Es folgt ein ausführliches Briefing zur Paddeltechnik und zum Verhalten auf Fliessgewässer. Auf dem vorgesehenen Fluss-Abschnitt kann eine Kenterung der Katarafts ausgeschlossen werden. Selbst mutwillig lassen sich die Dinger kaum kippen.

Aber bei einer der vorhersehbaren Seeschlachten dürfte vielleicht auch mal jemand ins 18 Grad warme Wasser fallen. Momentan fliessen rund 200 Kubikmeter pro Sekunde mit einer Geschwindigkeit von ca. 10 km/h. Da ist es gut, wenn niemand in Panik verfällt oder eine falsche Reaktion zeigt.

Dann geht es los. Ein Kataraft nach dem anderen, bemannt mit einem erfahrenen Paddler und vier bis fünf Teenies, plus ein Security-Kajaker schwingen aus, in die schnelle Strömung.

»Das ist die geilste Klassenreise, die wir je gemacht haben!« jubelt Tamara keine fünf Sekunden später.

»Whow, das ist ja viel schneller als ich gedacht hätte!« staunt Tanja.

»Einfach nur cool!«, sind sich alle einig.

Unter Anleitung der Bootsführer exerzieren nun die Besatzungen der drei Katarafts ein paar Angewöhnungs-Übungen durch, um die Steuermanöver in den Griff zu bekommen. Drehen im Uhrzeigersinn – im Gegensinn. Fähre zum linken Ufer – dann zum rechten. Mit Unterstützung der Bootsführer – und ohne.

Bald können die ersten Kehrwasser angesteuert werden.

»Gebt alles! Paddelt bis zur Strömungslinie, was ihr könnt! Und sobald wir sie überqueren: voll in die Kurve liegen!«, instruiert Bootsführerin Silvy ihre Crew für die Anfahrt ins erste scharfe Kehrwasser hinter einem Brückenpfeiler.

Soweit der Plan. Doch die Neulinge gehen die Sache einen Ticken zu konservativ an: Noch im abfliessenden

Wasser ducken sie sich erwartungsvoll zwischen die Schläuche, vergessen das Paddeln. Unter schadenfrohem Johlen aus den beiden erfolgreichen, perfekt im Kehrwasser geparkten Katarafts, treiben die »Versager« vorbei.

Bald schon entflammen erste Kriegshandlungen zwischen den Booten. Harmlose Spritzereien zuerst. Dann gezieltes Rammen aus dem Hinterhalt. Und schliesslich mündet das Ganze in ernsthafte Enter-Versuche feindlicher Flotteneinheiten.

Das grosse Kehrwasser bei der für die Verpflegungs-Pause vorgesehenen Uferstelle erwischen alle Teams einwandfrei. Es geht ja schliesslich ums Essen. Da gibt sich jeder Mühe.

Sobald die Boote gesichert sind, stehen die verschiedenen Besatzungen wieder friedlich vereint um das Feuer. Die auf dem Grillrost brutzelnden Köstlichkeiten widerspiegeln die multikulturelle Herkunft meiner Klasse: Cervelats, Balkanspiesse, Brat- und Currywürste, Hamburger und Hühnerschenkel. Das ist aber das einzige Divergierende. Unter jedem anderen Aspekt sind wir ein homogener Haufen fröhlicher Paddler, die diesen wunderbaren Tag in vollen Zügen geniessen.

Dann wollen sich die Jungs mit dem Wurfsack versuchen. Gut bewacht vom Safety-Kajaker können alle die wollen, einer nach dem anderen, sich an den Werfern vorbeitreiben und retten lassen. – Naja, die Treffsicherheit ist auch bei erfahrenen Paddlern bisweilen von der Tagesform abhängig ...

»Jetzt sind wir eh schon nass! Können wir auf der Weiterfahrt ein Stück neben dem Kataraft schwimmen?«

- Kein Problem hier, auf diesem hindernisfreien Abschnitt der Reuss. Und die besorgten Eltern werden die

Bilder und Berichte ja erst sehen und hören, wenn ihre Kinder schon lange wieder im Trockenen sind ...!

Im Laufe des Nachmittags lässt die anfänglich übersprudelnde Energie der Jugendlichen sichtbar nach. Der aufregende Tag an der frischen Luft fordert seinen Tribut unter den Bewegungsmuffeln.

Mit dem Stinkefisch-Spiel – ein verknotetes, nasses Badetuch, welches in die »feindlichen« Boote geschmissen wird – bringen wir wieder etwas Leben in die erlahmte Truppe. Jetzt zahlt sich die heute erworbene Paddeltechnik aus. Erstaunlich, welch filigrane Manöver die Teams inzwischen zustande bringen, um ihr Schiff in die gewünschte Angriffs – oder Ausweichposition zu bringen! Und auch Carlo erkennt, dass mit Speed allein noch nichts gewonnen ist.

Nach 18 Kilometern beenden wir die Fahrt. Nochmals heisst es anpacken. Bis alle Katarafts demontiert und das ganze Material geordnet für den Rücktransport bereit liegt, braucht es die Nerven der Begleiter, welche die erschöpften Neupaddler zu allerlei Handreichungen motivieren müssen.

Und ja, das Reinigen, Trocknen und Versorgen des Materials wird mich zu Hause noch einige Schweisstropfen kosten. Aber die allseitige Freude ist es allemal wert. Und: Schliesslich selber schuld! Ich selbst war es ja gewesen, der die Wahl der Klassenreise so intrigant manipuliert hat!

Eltern

Wie viele Schüler passen in einen Mini?

Diese – unter einem ökologischen Aspekt betrachtet – durchaus interessante Frage, stellte sich mal nach einer Sportstunde im Wald. Zu der war ich – als leuchtendes Vorbild – mit meinem Kleinstwagen erschienen, während die Schüler die Strecke zu Fuss zurückgelegt hatten.

Naja, die Sechstklässler interessiert wohl weniger das numerische Ergebnis, als vielmehr die Chance, sich den zehnminütigen Rückweg vom Wald zur Schule sparen zu können.

Wir probieren es aus. Ein Kind nach dem anderen zwängt sich durch eine der beiden Seitentüren. Platziert sich irgendwie und irgendwo in den noch verbleibenden freien Raum in dem winzigen Auto.

»Einer geht noch!«

»Und noch einer hier dazwischen!«

Es werden schliesslich zwölf!

Zwölf Schüler drängen sich kreuz und quer auf den drei Sitzen und dem Boden neben und hinter mir. Liegend, sitzend und kauernd – in mehreren Lagen. Mehr geht definitiv nicht. Ausser man würde die Fenster öffnen.

Zwölf sind nicht mal die halbe Klasse.

Weil ich einen Achsenbruch befürchte, fahre ich nur eine ganz kurze Strecke. Begleitet vom Johlen der Draussengebliebenen und dem Keuchen der Reinge-

quetschten. Nur so, um den Rekord zu verifizieren. Aber wir haben unseren Spass dabei.

Am Abend dann, ruft mich eine Mutter an, welcher der experimentelle Charakter dieser Aktion wohl entgangen sein muss:

«Ich habe gehört, dass so viele Kinder in Ihrem kleinen Auto mitfahren mussten. Das nächste Mal dürfen Sie mir gerne Bescheid sagen, dann werde ich aushelfen und mit unserem Auto auch ein paar Kinder fahren!»

Unterschrift

In den Mitteilungen bezüglich Absenzen und anderen Ausfällen, welche mir die Eltern manchmal schriftlich zukommen liessen, fanden sich nicht selten ziemlich skurrile Formulierungen und bisweilen auch originelle Interpretationen der gängigen Orthographieregeln.

Einmal fiel einer Mutter, welche Ihre Tochter vor den Sanktionen wegen einer gefälschten Unterschrift schützen wollte, eine ziemlich fadenscheinige Ausrede ein.

»Können Sie mir bitte bestätigen, ob das Ihre Unterschrift ist?«

Zusammen mit dieser Frage schicke ich das Bild einer verdächtig schwunglosen Signatur per SMS an die Mutter einer Schülerin.

Am Abend kommt die Antwort: »Ja, das ist meine Unterschrift. Ich musste halt mit der linken Hand unterschreiben.«

Als ich die Mutter Wochen später anlässlich eines Elterngesprächs darauf anspreche, dass ich niemanden kenne, der mit links eine derart ähnliche Unterschrift hinkriegt, wie mit rechts, wird sie verlegen und murmelt: »Upps! Daran habe ich wohl nicht gedacht!« ...

Vegetarier

Nicht selten gehen pädagogische, religiöse oder auch ethische Vorstellungen zwischen Schule und Elternhaus massiv auseinander. Die Kinder können damit meist ziemlich entspannt umgehen. Die Erwachsenen – auf beiden Seiten – manchmal weniger.

Nicht mir passiert, aber einem lieben Kollegen: Die Mutter eines seiner Kleinklassen-Schülers ist extrem ökologisch ausgerichtet. Sie achtet strikt auf eine vegetarische Ernährung ihres Sohnes. Seine biologische Kleidung stammt aus nachhaltiger Produktion und seine Spielzeuge bestehen ausschliesslich aus einheimischem Holz.

Eines Tages verpasst die Kleinklasse während einer Exkursion den Zug für die Heimfahrt. Zur Überbrückung der Wartezeit spendiert der Lehrer im McDonalds eine Stärkung: Hamburger und Pommes. Die Kinder sind natürlich begeistert. Auch der ökologisch Erzogene.

Am nächsten Tag steht die empörte Öko-Mutter vor der Klassenzimmertüre.

»Wissen Sie, was mein Thomas gestern gemacht hat, als er nach Hause kam?« schreit sie den verdutzten Kollegen an.

»Rumgetanzt ist er!

Und hat ständig gesungen: ‚Ich habe Fleisch gehabt! Ich habe Fleisch gehabt!‘

Stellen Sie sich das mal vor!«

Vater oder Mutter?

Manchmal ist es hinderlich, wenn die Kommunikation nicht persönlich, sondern per Telefon stattfindet. Hin und wieder kann es jedoch auch praktisch sein, wenn der Gegenüber nicht erkennen kann, wie peinlich man berührt ist. Bei der folgenden Kommunikation kam beides zusammen.

»Straub«, sagt die helle Frauenstimme am Telefon.

»Guten Tag Frau Straub«, antworte ich. »Hier spricht Kohler. Ich bin Daniels Lehrer. Könnte ich bitte mit Ihrem Mann sprechen?«

»Der bin ich selber«, kommt die überraschende Antwort mit der hellen Stimme.

Upps!

Keine Freunde fürs Leben

Einige wenige Male haben mich Eltern schriftlich oder direkt im Gespräch wissen lassen, dass sie von mir und meinen Methoden nicht viel hielten. Übers Ganze gesehen, bin ich da wohl relativ glimpflich weggekommen.

Die gemeindliche Einbürgerungskommission befragt mich zwecks Entscheidungsfindung zum Schul-Verhalten eines jugendlichen Bürgerrechts-Bewerbers aus meiner Klasse. Ich gebe den Fakten entsprechend Auskunft. Es gibt nicht sehr viel Positives zu berichten.

Wochen später, nachdem das Gesuch abgelehnt worden ist, erfährt der Vater des Bewerbers aufgrund einer Indiskretion aus der Kommission von meiner schulseitigen Beurteilung. Daraufhin schreibt er mir:

»Sie sollten dringend mal einen Psychiater aufsuchen!«

In einer Matheklasse ist ein Mädchen, dessen Mutter unbedingt will, dass ich die Tochter für ein höheres Mathe-Niveau empfehle. Aufgrund der hierfür unzureichenden töchterlichen Leistungen – welche ich übrigens lückenlos dokumentieren kann – lässt sich dieser Schritt jedoch nicht rechtfertigen.

Ich gebe keine Aufstufungs-Empfehlung ab.

Daraufhin schreibt mir die Mutter per E-Mail:

»In diesem und im nächsten Leben werden wir ganz sicher nicht mehr Freunde!«

Anhand einiger konkreter Beispiele zeige ich einem Vater die defizitäre Motivation und die ungenügenden Leistungen seines Sohnes auf. Ich bin noch nicht mal zur Hälfte meiner Erläuterungen gekommen, da steht er auf und ruft erzürnt:

»Daran sind Sie, Ihre Schule und das ganze Schweizer Schulsystem schuld! In Kroatien, wo ich zur Schule gegangen bin, ist das alles viiiel besser. Da würde mein Sohn längst das Gymnasium besuchen!«

Leider lässt sich diese Hypothese nicht belegen, weil die Familie es vorzieht, weiterhin in unserer Gemeinde zu residieren.

Diverses

Die Episoden aus diesem Kapitel spielen zwar nicht direkt an der Schule. Sie haben aber dort ihren Ursprung oder zumindest einen direkten Zusammenhang mit dem Lehrerberuf.

Heureusement!

Reallehrer der Alten Schule wurden dazu ausgebildet, als Klassenlehrer fast alle Fächer selbst zu unterrichten. Dass damit auch Fächer ins Portfolio kamen, in welchen der Durchbruch der eigenen Talente noch auf sich warten liess, lag somit auf der Hand. Dies war jedoch meist zu verkraften – oder halt auch zu kaschieren – weil der Lernstoff ein vergleichsweise tiefes Niveau nicht überstieg.

Zu meinen Krisenfächern gehörte die Musik und das Französisch. Bei letzterem wurden mir mal meine Limiten auf relativ unzimperliche Weise glasklar aufgezeigt.

Kurz nach Abschluss meiner Ausbildung zum Reallehrer sitze ich auf einer langen Bahnfahrt neben einem jungen Franzosen im Abteil. Wir kommen ins Gespräch. In einer Sprache, die ich bisher für Französisch gehalten habe, unterhalten wir uns unter anderem auch über unsere beruflichen Tätigkeiten.

Ich erzähle, dass ich Lehrer bin.

»Welche Fächer unterrichten Sie denn?«, will er wissen.

»Eigentlich fast alles«, antworte ich wahrheitsgemäss.

Erstaunt blickt er mich an und fragt: »Was heisst 'alles'? Was meinen Sie damit?«

»Mathematik, Deutsch, Geografie, Geschichte, Physik, Biologie, Sport, Fremdsprachen, Musik, Zeichnen und mehr.«

Je länger meine Aufzählung, desto mehr weiten sich seine Augen. Bis zum Wort »Fremdsprachen«. Da verengen sie sich plötzlich zu schmalen Schlitzen. Mit leicht lauerndem Tonfall hakt er nach:

»Fremdsprachen? – Aber nicht Französisch?«

Aufgrund der Tatsache, dass ich mich – selbst für meine Erkenntnisse – im bisherigen Gespräch eher unbeholfen ausgedrückt habe, wage ich es nicht, bei der Wahrheit zu bleiben und beeile mich zu versichern:

»Nein, nein, Französisch natürlich nicht!«

Entspannt lehnt sich der Mann zurück und sagt: »Heureusement!«

Wenn der gewusst hätte, dass ich schon am nächsten Tag wieder meine Klasse mit den Tücken des Passé Composé traktieren würde ...!

Seit den 90er-Jahren übernahmen dann auch an unserer Schule immer mehr spezifisch ausgebildete Fachlehrer vereinzelte Lektionen von der Real, sodass partiell minderbegabte Reallehrer jene Fächer abgeben konnten, welche sie tendenziell überforderten – zum Wohle der Schüler und der Reallehrer.

Hexenschuss!

Es war der letzte Tag im Schuljahr. Ich hatte für den Abschluss mit der Klasse ein paar Kisten mit Sachen für ein gemeinsames Frühstück besorgt. Als ich die Kisten im obersten Stock des Schulhauses aus dem Lift heben wollte, fuhr mir ein furchtbarer Schmerz in den Rücken. Ich stürzte neben den Lift und konnte mich kaum mehr bewegen. Hexenschuss!

Per Ambulanz geht's ins Spital. Für meinen Platz beim Frühstück mit der Klasse springt der Heilpädagoge ein.

Ein paar Tage später. Ich bewege mich immer noch wie ein Zombie. Aber starke Schmerzmittel und die intensive Therapie erlauben mir einen täglich wachsenden Aktionsradius. Deshalb möchte ich nicht auf die geplanten Campingferien mit der Familie verzichten.

Der Wagen, inklusive Dachbox, ist randvoll gepackt. Vor der Fahrt ins Wallis steht aber noch ein weiterer Besuch beim Chiropraktiker an.

Als ich auf der Zufahrt zum Parkhaus-Untergeschoss vor der Schranke stoppe, um das Ticket aus dem Automaten zu ziehen, ertönt urplötzlich ein heftiger Krach: Die Dachbox rutscht kreischend von den Trägern, über die Windschutzscheibe hinweg, auf die Motorhaube, unter der Schranke hindurch und knallt dahinter auf den Boden! Dort springt sie auf und der Inhalt – jede Menge Camping-Utensilien – verteilt sich grossflächig vor dem Wagen!

Perplex steige ich – steif wie ich momentan bin – im Zeitlupentempo aus und bestaune den Schaden auf der Motorhaube sowie das Chaos am Boden.

Das nächste Fahrzeug kommt die Rampe runtergefahren und stoppt hinter meinem. Und das übernächste. Ich spüre förmlich die genervten Blicke hinter den Windschutzscheiben. Mein Wagen ist blockiert zwischen der Barriere mit dem dahinterliegenden Campingkram und den nachfolgenden Parkhausbenutzern.

Inzwischen kommt schon der Dritte.

Da stehe ich nun, kann weder vor noch zurückfahren. Mich zu bücken, um meine Sachen aus dem Weg zu räumen, erlaubt der schmerzende Rücken schon gar nicht.

Eigentlich hätte ich mich jetzt gerne ganz klein gemacht. Geht aber nicht.

Deshalb ist es mir reichlich peinlich, als ich schliesslich mit hohlem Kreuz tatenlos dastehe und den hinter mir blockierten und inzwischen ausgestiegenen Autofahrern Anweisungen gebe, wie und wohin sie meinen Krempel zusammenräumen sollen.

Auch die Dachbox positionieren die unfreiwilligen Helfer mehr oder weniger widerwillig wieder auf den Trägern. Bevor ich schliesslich den Weg frei machen kann, kontrolliere ich sehr, sehr sorgfältig, ob sie diesmal auch wirklich richtig befestigt worden ist...

Jobwechsel zur Polizei

Auch wenn der Lehrerberuf nicht bei allen Leuten ein hohes Ansehen geniesst, hatte ich nie Mühe zu meinem Berufsstand zu halten. Einmal jedoch m u s s t e ich einfach vorgeben, jemand anders zu sein. Die Chance für einen Spass war zu verlockend.

Auf der Abfahrt von einer Skitour mache ich einen Zwischenstopp auf der Berghütte. Ich setze mich zum einzigen Gast, der anscheinend schon einige Bierchen intus hat. Schnell kommen wir ins Gespräch. Er will wissen, was ich beruflich mache. Sobald er erfährt, mit welcher Altersgruppe ich es an der Schule zu tun habe, gerät er in Fahrt und beginnt von sich zu erzählen.

Er ist Polizist in Zürich. Ein ziemlich frustrierter Polizist. Der ihm zugewiesene Fall einer jugendlichen Motorradbande, sowie der für die Dienstpläne zuständige Beamte Meierhans und andere Widrigkeiten machen ihm das Leben schwer.

Nachdem jeder von uns beiden eine oder zwei Runden spendiert und wir ein paar Mal miteinander angestossen haben, verabschiede ich mich und fahre – reichlich versehen mit allerlei Polizei-Interna – per Ski zu Tal. Beat, so heisst mein neuer Bekannter, bestellt sich noch eine Flasche Wein.

Zwei Wochen später. Nach einer weiteren Skitour in derselben Region, wollen meine beiden Begleiter und ich vor der Talfahrt in der gut besetzten Hütte noch etwas trinken. Sofort entdecke ich Beat unter den Gästen.

»Hallo Beat!« rufe ich ihm zu.

»Hallo. Kennen ... Kennst du mich?« fragt er irritiert zurück.

»Na klar, du bist doch der Beat, Gefreiter auf der Urania-Wache«, gebe ich zur Antwort.

»Ja schon. Arbeitest du denn auch bei der Polizei?« will er wissen.

Ganz klar: Der Mann hat keinerlei Erinnerung mehr an unsere Begegnung vor zwei Wochen. Ich möchte ja nicht wissen, mit wie vielen Promille der damals seinen

Heimweg angetreten hat! Jetzt jedoch, scheint er vollkommen nüchtern zu sein.

Dass er mich für einen Polizeikollegen halten könnte, befeuert meine Phantasie. Statt seiner Erinnerung nachzuhelfen und mit den Tatsachen rauszurücken, flunkere ich drauflos:

»Ja, natürlich. Wir sind uns doch schon begegnet«, sage ich.

Völlig entgeistert starrt er mich an, sichtlich bemüht, in seiner Erinnerung Anhaltspunkte zu finden. Ohne Erfolg.

»Wo bist du denn stationiert?« erkundigt er sich.

»Wie du. Stadtpolizei. Urania-Wache. Setz dich zu uns!«

»Welche Abteilung denn?«, will Beat wissen.

Ohne viel zu überlegen, antworte ich: »Personalabteilung.« (Der Begriff »HR« war damals noch nicht geläufig.)

»Und was machst du da?«

Jetzt lege ich so richtig los: »Personalplanung, Qualifikationen und solche Sachen. Ja, ja, ich kenne deine Sorgen! Das Problem mit dem Sonntagsdienst. Die Sache mit den Donnerstagabenden. Deine Überstunden vom letzten Jahr.«

Beat's Kiefer klappt runter.

Unbarmherzig fahre ich weiter: »Glaube mir: Meierhans versucht alles, um die Einsätze für Euch so günstig wie möglich zu gestalten. Aber uns sind einfach die Hände gebunden. Seit dem Weggang deiner beiden Kollegen haben wir schlichtweg zu wenig qualifiziertes Personal!«

Beat schluckt. Mit grossen Augen staunt er mich an.

Ich gebe noch einen drauf: »Und die Akte mit den 14-jährigen Motorrad-Gangstern: Du hast da bisher sehr gute Arbeit geleistet. Niemand kann erwarten, dass du diese Sache innerhalb von nur zwei Wochen zum Abschluss bringst – auch wenn gewisse Leute sich schon in dieser Richtung geäussert haben!«

Nun habe ich den Mann endgültig im Sack. Lebhaft diskutieren wir über den harten Polizei-Alltag. Meine Begleiter, welche das Spiel inzwischen durchschaut haben, beteiligen sich im selben Sinne am Gespräch. Die Komik der Situation macht es zuweilen extrem hart, das Lachen zu verklemmen. Ein oder zweimal muss ich eine Ungereimtheit in meinen improvisierten Gesprächsbeiträgen wieder ausbügeln, aber insgesamt scheint meine Rolle überzeugend rüberzukommen.

Auch der mit mir befreundete Hüttenwart, dem unsere Konversation und die Zusammenhänge nicht entgangen sind, nutzt die Gelegenheit, als ich zwischendurch mal zur Toilette gehe. Verschwörerisch nimmt er den Polizisten zur Seite und raunt ihm zu: »Ein ganz hohes Tier bei der Polizei, mit dem du dich da unterhältst!«

Offensichtlich tief beeindruckt, bestellt Beat eine Runde Hüttenkaffee für unseren Tisch.

Mit dem angeregten Gespräch wird es schnell einmal später Nachmittag. Zeit für die Talfahrt.

»Ich werde mich achten, wenn ich künftig in der Wache unterwegs bin. Da werde ich dich das nächste Mal sicher erkennen!« verspricht Beat beim Abschied.

»Ja, oder komm doch einfach einmal bei mir im Büro vorbei!« ermuntere ich ihn.

»Gerne! In welchem Büro arbeitest du eigentlich?«

Aufs Geratewohl sage ich: »Zweiunddreissig«, hoffend, dass es diese Nummer dort überhaupt gibt.

»Ah! Zwei – dreissig! Oben, im zweiten Stock also? Klar, ich komme mal vorbei!«

Innerhalb von vierzehn Tagen bin ich dem Mann zweimal auf dieser Hütte begegnet. Überzeugt davon, ihn dort bald wieder anzutreffen, will ich ihn bei der nächsten Gelegenheit über unseren Spass aufklären. Mich als Lehrer outen. Leider habe ich ihn nie mehr angetroffen. Er möge mir verzeihen.

Stresstest als Journalismus-Praktikant

Zweimal während meiner langen Anstellungszeit durfte ich während jeweils 14 Wochen eine Auszeit nehmen für individuelle Weiterbildungen. Ich nutzte die Zeit hauptsächlich für Sprachaufenthalte und für Berufs-Praktikas, zum Beispiel als Fotograph in einem Studio, als Parkwächter im Nationalpark und als Journalist beim Zürcher Tages-Anzeiger.

Am dritten Tag auf der Zeitungsredaktion bekomme ich den Auftrag, einen Bericht zu schreiben über einen Wettkampf der Polizeigrenadiere auf der Forch.

Zusammen mit einem Presse-Fotografen besuche ich den Anlass. Am frühen Nachmittag kehre ich auf die Redaktion zurück, im Kopf die Eindrücke der spektakulären Wettkampfszenen und auf dem Block die entsprechenden Notizen und Statements von Beteiligten und Verantwortlichen.

»Du hast 100 Zeilen!« sagt mir der Seitenmacher auf der Redaktion.

Voller Enthusiasmus mache ich mich die Arbeit. Freue mich über die genialen Satzschöpfungen und Wendungen, die ich da in mein Werk einfliessen lassen kann.

Kurz vor dem Abgabetermin – ich bin gerade bei Zeile 98 angelangt – kommt der Anruf vom Seitenmacher:

»Sorry, es ist etwas dazwischen gekommen. Musst kürzen. Auf 30 Zeilen. Tut mir leid.«

Von 100 Zeilen auf 30? Da gibt es nichts zu kürzen! Da beginnt man gleich von vorne. Mit einem frustrierten Seufzer verabschiede ich mich von meinen genialen Formulierungen, lösche alles (!) und beginne die Kurz-Fassung.

Von solch einem Anlass einen halbwegs interessanten und informativen Bericht in bloss 30 Zeilen zu packen, ist nicht ganz einfach.

In den Räumen der Redaktion ist das Ambiente inzwischen ein paar Takte hektischer geworden. Aus der gemütlichen Morgenkaffee-Runde mit der entspannten *Wer-macht-heute-was*?«-Zuteilung hat sich ein lebhaftes Gewusel entwickelt: Klackern der Tastaturen, Recherchen an den Bildschirmen, Nachfragen bei diversen Quellen, gegenseitiges Korrekturlesen, konstruktive Rückmeldungen.

Es geht gegen Abend zu, der ultimative Abgabetermin für alles, was morgen in der Zeitung stehen soll, rückt näher. Journalisten, Redaktoren, Texte, Bilder und Telefonate schwirren hin und her.

Irgendwie gelingt es mir, kurz vor der Deathline, eine einigermassen akzeptable Fassung meines 30-Zeilen-Berichtes fertigzustellen.

Zufrieden will ich mich gerade zurücklehnen, da klingelt das Telefon erneut. Jemand von der Redaktion der Regionalbeilage ist dran:

»Du warst heute beim Wettkampf? Super! Wir brauchen für unsere Ausgabe unbedingt deinen Bericht. Allerdings solltest du ihn auf 130 Zeilen hochfahren.

Und um spätestens 18 Uhr müssen wir das haben!«
Es ist 17:34 Uhr.

Stress pur! Schon leicht im Roten Bereich fahrend, schreibe ich die dritte Version meines Berichtes. Weil ich vorhin blöderweise die fast vollendete 100-Zeilen-Version komplett gelöscht habe, muss ich nun erneut bei null beginnen. Einige der ausformulierten Passagen fallen mir gleich wieder ein, bei anderen verbiege ich mir minutenlang das Hirn, um auf einen annähernd sinnvollen Satz zu kommen.

Eine Redaktorin unterbricht meine Konzentration. Sie schreibt gerade an einem Schulthema und hält mich als einzigen auf der Redaktion für kompetent genug, um ihre Detail-Fragen zu klären.

Der Zeiger auf der Uhr rückt unerbittlich voran. Die Fortschritte in meinem Text mögen da kaum mithalten. – Willkommen im Journalisten-Alltag!

30 Sekunden vor 18 Uhr – ich bin noch ziemlich weit weg von einer fertigen 130-Zeilen-Version – klingelt das Telefon:

»Wo bleibt der Text?«

Als Praktikanten-Bonus werden mir fünf Extra-Minuten zugestanden.

Um 18:06 Uhr bin ich fertig mit dem Bericht.

Mit den Nerven auch.

Seither glaube ich – wann immer jemand diese Episode zu Ohren bekommt – ein leicht spöttisches Aufblitzen in der Mimik der Zuhörer zu erkennen:

»Sieh an, der Lehrer hat einmal erlebt, wie fordernd das Leben ausserhalb des gemütlichen Schulbetriebs doch sein kann!«

Underdressed

Während den letzten 20 Jahren meiner Anstellung gehörte ich einem vierköpfigen Lehrpersonen-Redaktionsteam an, welches in einem Kleinstpensum für die Lokalzeitung arbeitete. Ursprünglich nur für schulbezogene, später auch für andere, gemeinderelevante Themen.

Einmal sollte ich einen Artikel schreiben über einen bevorstehenden Traditionsanlass, welcher aus historischen Gründen jeweils auf jenem Gelände stattfindet, auf welchem das Seminarhotel eines hier ansässigen Grosskonzerns stand. Zu diesem Zwecke wurde ein Termin mit dem Medienverantwortlichen des Seminarhotels vereinbart.

Es ist ein sehr heisser Sommertag. Im Polo-Shirt, Shorts und leichten Sportschuhen radle ich zum Eingang des rundum gesicherten Geländes. Nachdem ich mich an der Gegensprechanlage angemeldet habe, öffnet sich das massive Tor, die Einfahrt wird frei. Vorbei an geparkten Edel-Karossen und schicken Sportwagen geht es zum Hauptgebäude, 150 Meter weiter hinten. Weil ich keinen Fahrradständer sehe, stelle ich das Bike an eine Säule. Es wirkt dort wie ein Fremdkörper.

Im Eingangsbereich ist es schön kühl. Sehr kühl ist auch die Dame, die mich mit kritischem Blick empfängt:

»Sie sind also der Lehrer, der den Artikel schreibt?«

So, wie sie das Wort »Lehrer« ausspricht, bleiben keine Zweifel darüber bestehen, dass sie die Angehörigen dieser Gattung der untersten sozialen Hierarchie-Stufe zuordnet.

Mit hohlem Rücken und hohem Kinn führt sie mich in ein Zimmer, wo ich warten soll.

Dann kommen sie herein: Eine elegante Dame und drei Herren. Alle in piekfeinen, dunklen Anzügen. Mit Krawatte selbstverständlich. Steif begrüssen sie mich und nehmen mir gegenüber am Tisch Platz.

Fast synchron ziehen die vier je einen in dunkles Leder gebundenen Notizblock aus schwarzen Aktenkoffern und positionieren ihn sorgfältig – parallel zur Tischkante ausgerichtet – vor sich hin.

Dann zücken sie – immer noch simultan – edle Füllfedern (ja, das gibt es anscheinend immer noch!), schrauben die Kappen weg und sehen mich mit hochgezogenen Augenbrauen tiefernst an.

Leicht irritiert nestle ich den mehrfach zusammengefalteten Notizzettel mit meinen vorbereiteten Fragen aus der Brusttasche, glätte ihn auf dem Tisch und zücke einen Billig-Kugelschreiber. Er streikt. Missbilligende

Blicke lasern mich. Erst nach einigen hastigen, nervösen Versuchen gelingt es, das Schreibgerät zum Funktionieren zu bringen.

Mir gegenüber ist man nicht amüsiert. Meine kümmerlichen Ansätze, die eisige Stimmung mit etwas Humor aufzulockern, versanden allesamt kläglich. Prallen wirkungslos ab an der Mauer aus Seriosität auf der anderen Tischseite.

Weshalb nur erscheint mir der – zuvor noch freundliche – Raum jetzt wie eine Verhörzelle? Obwohl ja eigentlich ich die Fragen stelle?

Es wird eine endlose Stunde. Während der ganzen Zeit kann ich bei den Gesprächspartnern nicht den Ansatz von Empathie oder gar den eines Lächelns ausmachen.

Wir können aber immerhin alle Fragen mit Würde klären. Selbstverständlich muss mein Text – bevor er von der Firma zur Veröffentlichung freigegeben wird – noch von der lokalen, dann von der regionalen und schliesslich von der globalen Pressestelle des Konzerns abgesegnet werden!

Als sich nach dem Termin das elektrische Haupttor wieder hinter mir schliesst, atme ich tief durch. Die Luft hier draussen erscheint mir jetzt extrem angenehm, nicht mehr so heiss.

Noch selten ist mir derart intensiv bewusst gewesen, wie schön ich es doch als Lehrer habe, mit meinen entspannten Kollegen und den fröhlichen Schülern!

Etwas subversive Boshaftigkeit zum Schluss

Ja, meine Lehrerkarriere ist geprägt von vielfältigsten Eindrücken. Mir werden mit Sicherheit vor allem die vielen schönen Seiten in Erinnerung bleiben: Der tägliche, erfrischende Kontakt mit den Jugendlichen, die gelebte Kollegialität mit meinen Mitarbeitern, die abwechslungsreiche Tätigkeit und vieles mehr. – Und vor allem natürlich auch diverse Schmunzel-Episoden.

Daneben gab es auch weniger lustige Erlebnisse. Und die Schattenseiten – wie es sie in jedem Beruf gibt. Im Laufe der Jahre lernte ich immer besser, mit ihnen umzugehen. Meistens verarbeitete ich sie mit Humor. Manchmal auch mit Sarkasmus. Oder Resignation.

So bleiben mir nach 42 Jahren Schuldienst neben den überwiegend positiven Erinnerungen auch einige Erkenntnisse, welche wohl nicht das Potenzial für flächendeckende Popularität in sich tragen:

• Bildungs-»Experten« und Bildungspolitiker gewinnen ihre Kenntnisse über die aktuelle Schule in den seltensten Fällen durch dauerhaften, breit abgestützten und intensiven Direkt-Kontakt mit den betroffenen Schülern und Lehrpersonen. Weitaus eher orientieren sie sich an den Erinnerungen ihrer eigenen, bisweilen weit zurückliegenden Schulzeit oder an kolportierten – und manchmal verzerrt wiedergegebenen – Erfahrungen aus zweiter oder dritter Hand.

- Binomische Formel? Indefinitpronomen? Entfeudalisierung? Steigungsgleichung? – Eingefleischten Fachlehrern bringen diese Begriffe die Augen zum Leuchten.
Jene Schüler, welche die Bedeutung dahinter begreifen, quittieren sie allenfalls mit einem Schulterzucken. Alle anderen – und das ist oft die Mehrheit – mit einem verzweifelten Augenrollen.
Dies betrifft viele traditionelle Lerninhalte quer durchs ganze Fächerspektrum.
Stellt sich die Frage, wie oft man diesen mühsam eingepaukten Lernstoff im realen Leben nach der Schule noch braucht?
Eigentlich nie mehr. Ausser, man wird Fachlehrer.

- Bis zu seinem Schulaustritt verbringt ein Kind in der Schweiz nur gerade knapp 10% seiner Lebenszeit unter der direkten Obhut von Lehrpersonen. Immer mehr Eltern gehen davon aus, dass die Schule in dieser knapp bemessenen Zeit auch noch die ausserschulische Erziehung übernehmen sollte, wie zum Beispiel Anstand, soziales Denken und Zuverlässigkeit.

- Für Lehrpersonen, welche in der eigenen Unterrichtspraxis mangels pädagogischer Kompetenzen überfordert sind, bestehen gute Chancen auf eine alternative Tätigkeit als Dozent an einer Pädagogischen Hochschule: Dort dürfen die Gescheiterten auf bescheidenem Methodik-Niveau den künftigen Lehramts-Anwärtern erklären, wie man gut unterrichtet.

- Alle Eltern wollen nur das Beste für ihr Kind. Das ist gut so.

Weniger gut ist, dass viele Eltern dem Irrglauben verfallen sind, sie würden ihrem Kind nachhaltig helfen, wenn sie ihm schon in der Schulzeit eigenhändig alle Hindernisse aus dem Weg räumen.

- Wenn die Energie und Zeit, welche Lehrpersonen heute für administrative Belange (Formulare, Konferenzen, Sitzungen und Absprachen) aufwenden müssen, stattdessen in Kreativität und Elan für den Unterricht investiert werden könnte, würden alle profitieren, vor allem die Kinder.
Formular-Designer und Berufs-Statistiker mal ausgenommen.

- »So-geht-gute-Schule«-Propheten kämen zu anderen, weniger praxisfernen Erkenntnissen, wenn sie selbst alle paar Jahre mal wieder einen ganzen Zug lang ein Vollpensum an einer normalen – das heisst, auch mit Problemschülern besetzten – Klasse unterrichten würden.

- Die Veränderungen in unserer Welt erfordern notwendigerweise periodische Reformen im Unterricht und an der Schule.
Diese werden von den jeweiligen Promotoren schon vor der richtigen Praxis-Einführung stets als DAS ultimative Bildungs-Rezept bejubelt. Kritik bleibt verpönt. Die Tatsache, dass die Halbwertszeiten dieser Reformen inflationsbedingt stetig kürzer werden, sollte aber zu denken geben...

- Ein schriftlich ausformuliertes Leitbild für eine Schule dient ausschliesslich seinem Produzenten und dessen Auftraggebern. Kaum ein Kind lernt besser oder leichter und kaum eine Lehrperson unterrichtet anders wegen einem Leitbild.

Entweder die – üblicherweise sehr banalen und allgemein gehaltenen – Werte werden ohnehin schon als Selbstverständlichkeit gelebt, oder sie bleiben einfach leere Worte auf einem Hochglanzpapier. Dem Leitbild einen konkreten Gewinn für die Lernenden andichten zu wollen, ist praxisfern und unrealistisch.

- Während man die Schüler immer mehr an der Verantwortung für ihren Lernprozess teilhaben lässt, und den individuellen Bedürfnissen gerecht zu werden versucht, geht man mit den Lehrpersonen gerade den umgekehrten Weg:
  Früher trugen sie die Hauptverantwortung für alles. Sie arrangierten Vorbereitungen, Unterricht, Nachbereitungen, Elterngespräche, Absprachen mit Kollegen, Teamsitzungen und ihre persönliche Weiterbildung. Alles flexibel – gemäss den aktuellen Bedürfnissen.
  Heute wird flächendeckend punkt- und minutengenau vorgeschrieben, was wann wie und wie lange unterrichtet, besprochen, schriftlich festgehalten und weitergebildet werden muss. Mit wenig Rücksicht auf individuellen Bedarf und ohne Optionen für flexible Anpassungen.
  Mehr Vertrauen statt Bevormundung wäre wohl effizienter und zielführender.

- Bildungspolitische Entscheide werden nicht in erster Linie zum Wohle der Kinder gefällt, sondern viel eher

aufgrund ihres Profilierungspotenzials für die Ent-
scheidungsträger.

... okay, okay, ich sehe schon: KOHLER, ES REICHT!

Lassen wir es lieber dabei:
Ich hatte definitiv eine tolle Zeit in meinem Beruf!
Mein Dank gilt allen, die mich in dieser Zeit begleitet
haben!
Stünde ich wieder vor der Berufswahl, würde ich wohl
gerne wieder Lehrer werden.